YO SOY ÚNICO E IRREPETIBLE

D1016212

YO SOY ÚNICO E IRREPETIBLE

*El método infalible para cultivar
el amor propio y dirigir desde el alma*

SHEILA MORATAYA

ATRIA ESPAÑOL
Nueva York Londres Toronto Sídney Nueva Delhi

ATRIA
ESPAÑOL

Un sello de Simon & Schuster, Inc.
1230 Avenida de las Américas
Nueva York, NY 10020

Primera edición en rústica de Atria Español, abril 2019

ATRIA ESPAÑOL y su colofón son sellos editoriales registrados de Simon & Schuster, Inc.

Para obtener información respecto a descuentos especiales en ventas al por mayor, diríjase al departamento de Ventas Especiales (Special Sales) de Simon & Schuster al 1-866-506-1949 o a la siguiente dirección de correo electrónico: business@simonandschuster.com.

La Oficina de Oradores (Speakers Bureau) de Simon & Schuster puede presentar autores en cualquiera de sus eventos en vivo. Para obtener más información o para hacer una reservación para un evento, llame al Speakers Bureau de Simon & Schuster, 1-866-248-3049 o visite nuestra página web en www.simonspeakers.com.

Diseñado por Esther Paradelo

Impreso en los Estados Unidos de América

10 9 8 7 6 5 4 3 2 1

Datos del Catálogo de la Biblioteca del Congreso

Names: Morataya, Sheila, author.
Title: El método infalible para cultivar el amor propio y dirigir desde el alma / Sheila Morataya.
Description: Nueva York : Atria Español, 2019.
Identifiers: LCCN 2018042502 (print) | LCCN 2018043651 (ebook) | ISBN 9781501198977 (eBook) | ISBN 9781501198960 (pbk.)
Subjects: LCSH: Self-acceptance.
Classification: LCC BF575.S37 (ebook) | LCC BF575.S37 M64 2019 (print) | DDC 158.1—dc23
LC record available at https://lccn.loc.gov/2018042502

ISBN 978-1-5011-9896-0
ISBN 978-1-5011-9897-7 (ebook)

Dedico este libro a mi hija, Elizabeth Teresa. Gracias por ser el amor para convertirme en la mujer que estoy destinada a ser. Eres única e irrepetible y mi inspiración por siempre.

También dedico este libro a todos los hombres y mujeres, de todas las culturas y religiones, hasta donde este libro pueda llegar. Asimismo, a todas aquellas personas que van a nacer y construir una sociedad iluminada. A todos los seres humanos que no se han sentido completamente amados por ellos mismos y a todos los que tienen miedo y no se atreven.

Nuestro miedo más profundo no es que seamos inadecuados. Nuestro miedo más profundo es que somos poderosos sin límite. Es nuestra luz, no la oscuridad lo que más nos asusta.

—DISCURSO DE NELSON MANDELA COMO
PRESIDENTE ELECTO DE SUDÁFRICA (1994),
CITANDO A MARIANNE WILLIAMSON

CONTENIDO

CONTENIDO

PRÓLOGO

Este libro es el resultado de la fuerza, la perseverancia, la pasión y ese enorme deseo de cambiar vidas que tiene Sheila Morataya.

La escuché decir mil veces que para triunfar en la vida tenemos que convencernos de que somos únicos e irrepetibles.

Leerlo aquí es entender por qué.

La primera vez que hablé con ella sospeché que este libro iba a ser un sueño cumplido. Sheila está convencida de que no hay imposibles. Su gran deseo de cambiar vidas, extrayendo los dolores y miedos del alma, es su gran misión.

La he visto practicar la técnica del espejo y me ha sorprendido lo que logra en las personas que se enfrentan a él.

A través de estas páginas, irás conociéndote mejor y enfrentándote a esa verdad que a veces no te deja avanzar y se alza al frente tuyo como un muro. Sheila escribió este libro para que rompas cadenas, te enfrentes al miedo y puedas derribarlo.

—Luz María Doria
Autora de *La mujer de mis sueños*

INTRODUCCIÓN

*Despertar a la consciencia es descubrir la potencialidad
de nuestro ser, es reconocer la experiencia íntima y profunda
de estar vivo. Es levantarme y saber que he despertado de
un profundo sueño para dar gracias y comenzar a vivir
la vida y atreverme a decir: "Yo soy único e irrepetible".*

Cuando apareció en mi mente la idea de escribir este libro, sentí mucho miedo, más miedo que nunca. Fue inevitable pensar en lo que dirían las personas a quienes en un principio les confié mis intenciones. Creerían que estaba mal, pensé. Sin embargo, tenía muy claro en mi cabeza lo que deseaba hacer. Incluso, ya había visualizado en dónde quería estar, pero no sabía cómo comenzar.

Fue algo curioso porque, aunque este no es el primer libro que escribo, las circunstancias han sido totalmente nuevas en esta ocasión. Soy una mujer aventurera, arriesgada y audaz a pesar de todos mis temores e inseguridades. Son estas características las que me han permitido hacer cosas sin pensarlo dos veces, y así había ocurrido con las publicaciones anteriores.

Tengo más de cincuenta años, lo cual era otra preocupación. Se imaginan los pensamientos que llegaban a mi cabeza. Después de adulta, ¿empezar algo nuevo? No me siento vieja, pero sí pensé: ¿A esta edad, hacer esto? Fueron luchas constantes con las que tenía que lidiar, particularmente porque se supone que debo ser yo la que ayuda a otros a enfrentar sus miedos en mi práctica privada. Soy *coach* y terapista hace más de quince años y conozco muy bien el daño que puede hacer el miedo en un ser humano.

El *coaching* es una disciplina de desarrollo personal creada para ayudar a ejecutivos y empleados a encontrar la forma de apartar obstáculos de su camino que les impiden dar lo mejor de sí. Dada su eficacia, fue evolucionando hasta convertirse en lo que hoy se conoce como el *life coaching*, para aplicar ejercicios similares con las mismas metas a la vida cotidiana de las personas. Entonces, el *coach* es una persona que no aconseja ni da tratamiento clínico, sino alguien que se convierte en el más poderoso aliado de una persona. El o la *coach* cree en el potencial de su cliente, y a su vez sirve como su *alter ego*, ángel de la guarda e impulsador que ayudará al cliente, o *coachee*, a mantenerse enfocado y responsable con aquellas metas que haya decidido trabajar junto a su *coach*.

Por suerte, mi espíritu aventurero no se amilanó y me enfrenté a mis propios temores con coraje, poniendo en práctica todo lo que he aprendido hasta el momento. Este libro es el fruto de muchos años de aprendizaje y de crecimiento espiritual y profesional, y con el que he conseguido cumplir uno de mis sueños más anhelados: ser publicada por una editorial de reconocimiento internacional.

A través de mi Método único e irrepetible —que he creado desde mi experiencia personal, profesional y educativa sobre la antropología del SER— quiero educar, inspirar y despertar la divina libertad y responsabilidad que reside en cada uno de nosotros para llegar a ser todo lo que queramos. Mi deseo más profundo con este libro es que cada lector pueda tener una experiencia enriquecedora, como la que han tenido los cientos de personas que he atendido en sesiones de *coaching*. Todo esto lo podemos conseguir sin importar nuestra historia o nuestras circunstancias, porque todo es posible para quien que cree en sí mismo, se esfuerza y persevera ante cualquier obstáculo para llegar a donde quiere estar como persona. Quiero inspirar a personas emprendedoras y trabajadoras que sueñan con descubrirse a sí mismas. Quiero inspirar y dirigir a aquellas personas que enfrentan momentos de vacío en su vida, pero que sueñan con realizar sus sueños.

El Yo, único e irrepetible, es una consciencia creadora. Viene a este mundo en el momento de la concepción. Nace y se le da un nombre. Es un ser que viene a ejecutar una acción, ayudado por el potencial regalado por Dios, para algunos, o el Universo, para otros, pero con un mismo fin: vivir en la tierra dentro de los diferentes ámbitos del ser —como persona, compañero, amante, padre, madre, trabajador, líder en la sociedad— con el fin de transformarse en el otro Yo, donde el ego no tiene cabida.

Si ha llegado este libro a tus manos, es porque estás listo para iniciar o continuar con la búsqueda del Yo, único e irrepetible. Aquí podrás afirmar la esencia de tu ser. También, estoy segura de que, si no andabas en la búsqueda de este proceso de transformación, en este instante despertará en ti la curiosidad para dar inicio a un nuevo comienzo.

En este libro voy a proponer ideas con las que estarás de acuerdo y otras con las que, tal vez, no. Lo importante es que sepas que, aunque tú y yo tengamos formas diferentes de creer, pensar, ser o sentir, no podemos negar que somos uno, porque todos —tú y yo— somos amor. La consciencia es amor.

El Yo, es la consciencia creativa; es la energía que nos impulsa a tomar acción; es la potencia para ser, construir y manifestar lo bueno, lo sobrenatural y lo audaz; para ser el amor en la tierra. Lo he comprobado por mis experiencias en las distintas escuelas de espiritualidad a las que he asistido, y por medio de sesiones de *coaching* y de psicología con grandes expertos a nivel mundial. Con este libro, quiero compartir contigo algunas de las cosas que aprendí en esa búsqueda personal.

A través de sesiones prácticas y teóricas, te llevaré a lograr un cambio radical en tu vida, entendiendo la aceptación de tu ser como "único e irrepetible". Este proceso te permitirá manifestar lo que deseas para tu vida, dejando a un lado las inseguridades y los miedos propios del ser que te impiden dar pasos importantes en tu vida personal.

Cuando uno cambia su manera de pensar y entiende que

lo que muchos creen que es imposible puede convertirse en realidad, es cuando comienza la transformación. Y de eso trata este libro: del poder de cambio que tenemos dentro de nosotros mismos. Con esta lectura, quiero que descubras la esencia del Yo, único e irrepetible. Un Yo que es un cuerpo, una mente y un espíritu. Un Yo que piensa, ama, siente, se emociona y crea.

Fervientemente, siempre quise realizarme, y estoy segura de que tú también. Pero, ¿cómo nos vamos a realizar si no conocemos lo que somos? Ignorar lo que somos y para lo que estamos aquí, es perdernos en la vida. Y la vida, sin temor a equivocarme, es tan maravillosa.

UNO

Han sido muchos los cambios que he buscado a lo largo de mi vida, con un solo objetivo: ser feliz. Estoy segura de que cada uno de ustedes también se ha enfrentado a situaciones con la misma idea en la cabeza. Sin embargo, hoy, luego de los pasos que di por muchos años, tengo la certeza de por qué sentía que nunca alcanzaba la felicidad. Y es porque, al final del día, esa felicidad que tanto anhelaba tenía otro nombre: paz interior. Tampoco se encontraba donde la buscaba. Para alcanzar algo así, o que por lo menos se pareciera a eso que había soñado, tendría que buscar dentro de mi ser.

Pude entender que antes de tener éxito en cualquier cosa, antes de enamorarme, antes de buscar el cariño de otras personas, primero tenía que gustarme, apreciarme, respetarme y amarme a mí misma. Esa es la clave de todo y la idea principal de mi Método único e irrepetible: la experiencia de un amor profundo hacia ti desde el amor consciente, el mismo que sostiene al Universo y a todas las cosas que hay en él. Es no tener miedo por ser uno mismo. Por eso, antes de continuar, quisiera recomendarte que leas este libro con el corazón y no con la cabeza, para que puedas aplicar a tu vida lo que comparto para ser único e irrepetible.

YO SOY ÚNICO E IRREPETIBLE

En este viaje que comenzamos juntos para descubrir nuestro "Yo, único e irrepetible", es importante hablarles del sufrimiento. También es crucial resaltarlo porque para mí fue el comienzo de todo; el comienzo de ese despertar que busqué para conseguir lo que anhelaba: paz, alegría y amor. No es para quedarnos enfocados en él, sino para reconocer que nos puede llevar al cambio que buscamos, aunque no es la única forma de alcanzarlo. La idea es comenzar a vivir en consciencia, aceptando que podemos tener miedo pero que esa angustia no puede regir nuestro destino.

Soy una de esas personas que ha aprendido y ha despertado gracias al sufrimiento. Por lo que siento gratitud por su presencia en mi vida. Gracias a todo ello, soy una mujer y una *coach* fuerte, intrépida y segura, que puede acompañar a otros a despertar a su consciencia. Pero, ¿cómo es posible que se necesite del sufrimiento para despertar a la consciencia? ¿Por qué es importante el dolor para la iluminación o la conversión de la mente y el corazón? Pues, primero les digo que no todas las personas tienen que atravesar por etapas profundas de dolor, como ha sido mi caso, para comenzar una transformación en sus vidas.

CAMINAR EN EL ASOMBRO DE SER YO

Sufrir representó para mí la primera gracia para despertar. Yo desperté a mi consciencia hace muchos años, pero no quiere decir que todos mis temores o inseguridades se hayan disipado. Lo que sí ocurrió es que ahora soy consciente de ello, de dónde provienen mis temores, y tengo las herramientas para continuar exitosamente viviendo en el presente.

Pero antes de continuar, quisiera explicarles lo que significa "despertar a la consciencia". Es el conocimiento de nosotros mismos, la experiencia que la mayoría de los seres humanos nos perdemos o pasamos por alto porque estamos muy ocupados pensando en el mañana (futuro) o aferrados al pasado, tomando esa manera de ver la vida como algo normal. Entender la importancia del silencio puede ser el primer paso para encontrarse con uno mismo y avanzar al encuentro del Yo, único e irrepetible.

Cuando hablo del silencio, no me refiero al nivel de ruido de nuestro alrededor, sino a la quietud que podemos encontrar en nuestra mente cuando nos alejamos de esa voz incesante que nos dice que no somos buenos o, incluso, que somos mejores que otros. Esa voz no es otra cosa que el ego, al que llamo "el saboteador". Cuando vivimos en consciencia, se disuelve el miedo y reaparece el amor. Somos testigos de una experiencia distinta que nos permite vivir la vida en el presente, en paz, alegría y amor. Ese silencio es el "Yo soy"; es amor; es Dios, Alá, Adonaí, Jehová, Energía. Es el universo en ti. Ese silencio es consciencia. La mejor parte de todo esto es que cada uno de nosotros tiene la capacidad de ser, de estar y de vivir consciente, despierto.

> *Para mí, despertar a la consciencia es estar de frente a la potencialidad del ser; a la experiencia íntima y profunda de estar vivo sin miedo y lleno de amor.*

Podemos decir que hay una sola consciencia unificada y unificadora entre todos los seres vivos. No es una consciencia cualquiera porque es divina, que vive del amor. Y tú y yo nacemos con esa consciencia divina. Somos los únicos en toda la creación que poseemos esta impresionante cualidad, regalo, potencia o habilidad para ser, existir, lograr y vivir creativamente; para dar y recibir amor. En fin, para vivir en paz, en alegría y en amor.

Hace un tiempo, tuve un sueño. Me vi parada frente a un espejo y escuché una voz darme una orden: "Entra a través del espejo". Inmediatamente di un paso frente al espejo y luego otro. En ese momento, ya no estaba con mis pies pegados a la tierra y ya no era mi cuerpo. Sabía que estaba en mi cuerpo, pero era mucho más que un cuerpo. Podía sentirme a mí: profunda, expandida, con una sensación de plenitud, que al recordarlo y escribir estas líneas me hace revivir esa experiencia y sentirme con ese tipo de alegría y júbilo que solo se compara un poco al momento en que nació mi hija, Elizabeth.

El lugar en el que de pronto me encontré al cruzar el espejo era igual que las fotografías que vemos del universo. Era un espacio lleno de luz, de una luminosidad que mis ojos podían ver y tolerar. Allí, mi cuerpo se sentía expandido, quizá inflado como un globo, y tenía la sensación de que cada una de mis células sentían y eran acariciadas por Dios. Me sentía plenamente amada, jubilosa, inmensamente feliz. Yo era la libertad.

De pronto volví a escuchar esa voz que me decía: "Ahora, regresa. Ya tienes lo que necesitas para proclamar al mundo que cada uno es un 'Yo, único e irrepetible'". Entonces, desperté de ese sueño. Desde ese día, mi convicción de desarrollar este método de despertar a la consciencia eliminó cualquier tipo de dudas en mi corazón.

Para mí, despertar a la consciencia es estar de frente a la potencialidad del ser; a la experiencia íntima y profunda de estar vivo, sin miedo y lleno de amor. Es caminar todos los días en el asombro. Levantarme y saber que he despertado de un profundo sueño para dar gracias y comenzar a vivir la vida que he soñado, entendiendo que "Yo soy único e irrepetible".

Al disolverse el miedo, se van la rabia, la envidia, el rencor, los celos, la resistencia, la lucha, la represión, el desánimo y la desesperación. Surge de nuevo el amor, y se hacen presentes la serenidad, el silencio, la sabiduría, el ánimo, el perdón, la bondad, la empatía y la amistad. Y eso es lo que buscamos con el Método único e irrepetible.

ES CLAVE UN PROCESO DE APRENDIZAJE CONSTANTE

Leo libros de autoayuda desde que tengo trece años. Esos libros me han enseñado que soy potencial, que todo lo que necesito está en mí, que los sueños se hacen realidad. Sin embargo, luego de todas esas lecturas, no lograba terminar de creer aquello que algunos escritos proponían, especialmente cuando yo ponía en práctica algunas de sus propuestas y no pasaba nada. Llegué a pensar que no era lo suficientemente inteligente. ¿Les ha pasado?

Pero un día, en una de esas lecturas me topé con la palabra "sindéresis", que es la facultad de pensar y juzgar con rectitud y lucidez, o como lo define la Real Academia Española: "discreción, capacidad natural para juzgar rectamente". Fue el sacerdote español José Pedro Manglano que, gracias a su sabiduría, me adentraba en este término, uno totalmente nuevo para mí.

No fue sino hasta que aprendí el significado de esa palabra, que me di cuenta de que no importaba cuántos libros leyese, si no comenzaba a cambiar mi manera de ver a los demás, no habría ningún cambio. Pero no solo eso, antes, tendría que cambiar la forma de juzgarme a mí misma. Y lo primero que debía hacer era dejar de seguir las indicaciones de mi ego y, más bien, observarlo con detenimiento.

Aprender a tener compasión por mí ha sido parte del despertar, de estar en consciencia. Ojo, porque no se trata solo de los pensamientos negativos; aquellos que consideramos buenos también son parte del juego del ego. Es como pensar: "Soy mejor que el resto, así que lo que me merezco es respeto. ¡Cómo se atreven!". Esas son frases que llegan a nuestra mente cuando estamos regidos por el ego.

Ninguno de los libros de autoayuda me habló de esta parte tan importante de no juzgar de la manera negativa a la que estaba acostumbrada. Para comprender de forma más profunda el sentido de la vida, de la experiencia de estar aquí y ahora, lo primero que debía hacer era ver a todos con rectitud, con amabilidad y serenidad porque, al final del día, todos somos iguales y queremos lo mismo: paz, alegría y amor.

Aprender a no juzgar fue importante para mí. Fue el primer paso para poder entender que soy una persona que puede transformar su vida desde el amor y no desde el miedo. Y todo comenzaba conmigo misma, no con los demás, aquellos a los que me pasaba juzgando. Es algo espectacular y hermoso, ¿no? Esta transformación es necesaria para descubrir tu "Yo, único e irrepetible".

VOY A CAMBIAR

Todo cambio se inicia con un simple pensamiento: "Voy a cambiar". Entonces empezamos a trabajar en lo que queremos cambiar. En el momento en que pensamos así, se crean al instante nuevas conexiones y circuitos neurológicos que reflejan estos pensamientos. En la infancia y la adolescencia se crea gran parte del control sobre el inconsciente. La forma en que miras la vida, sales a ella y tus creencias comienzan en el cerebro, que es el hogar de nuestra mente consciente e inconsciente.

Para comenzar a cambiar, nos toca a cada uno de nosotros iniciar un proceso de reprogramar nuestra mente, algo que comienza en nuestro cerebro. Ahí se van guardando las experiencias humanas que nos ayudan a configurar nuestra vida diaria. Estas experiencias son el amor que recibimos, la atención, la ternura, las creencias, los valores y los principios. También pueden ser las primeras experiencias que hayamos tenido de abandono o maltrato físico, abandono emocional o agresividad. Comenzamos a ser testigos del caos en nuestro interior debido a los efectos de estas experiencias que, con esfuerzo, se pueden desechar. Buscar ayuda puede ser una alternativa. Y te felicito, porque si tienes este libro en tus manos, es porque andas en busca de ello y sí lo puedes lograr, créeme.

El cerebro almacena nuestra infancia creando redes neuronales que fueron ejercitadas una y otra vez. Por ello, al llegar a la edad adulta, llegamos con respuestas automáticas e inconscientes para cada una de las situaciones con las cuales nos enfrentamos día a día. Dependiendo de nuestra personalidad, pueden ser reacciones liberales o conservadoras, por dar un ejemplo sencillo. A veces resentimos nuestra actitud ante alguna situación en particular, y en ese momento es cuando nos preguntamos: ¿Por qué soy así? ¿Cuándo aprendí a ser de esta forma? ¿Cuándo comencé a creer esto?

El cerebro graba la vida, guarda las memorias, almacena los datos y resume las creencias. Específicamente lo hace el lóbulo frontal, según una teoría moderna ampliamente discutida por el doctor Joe Dispenza, quien utiliza la ciencia como lenguaje para ayudar a las personas a entender principios espirituales. Su fin principal es unir la ciencia al campo espiritual, dándole un sentido distinto al despertar que estamos buscando. El doctor Dispenza describe el lóbulo frontal como la zona más importante del cerebro. Para este escritor e investigador, ahí es donde vive el Yo. Esto no se sabía hace quince años, así que definitivamente vivimos en una nueva época en el que, gracias a tener un conocimiento más profundo y claro de quiénes somos y cómo funcionamos, vamos a poder mejorar nuestra vida.

Lo interesante de esta postura es que no solo podemos iniciar un cambio en nuestra vida desde nuestro interior espiritual, sino que también se fortalece de una manera intelectual haciendo cambios en nuestra manera de pensar o de actuar, pero con el mismo fin: ser conscientes de que el cambio que queremos comienza con nosotros mismos, y no pretendiendo que los demás cambien.

YO CREO. YO ACTÚO.

¿Cómo se forman las creencias? ¿Por qué nos marca tanto la infancia? ¿Venimos al mundo vacíos? No en su totalidad pues, de alguna manera, la vida ya se ha percibido desde el vientre. Es decir, nuestro sistema nervioso central está formado por una amalgama de millones de ramificaciones nerviosas, y comienza a sentir, a percibir el amor o el rechazo desde el vientre, pero también el miedo, la duda, la aceptación, la paz o la violencia. Por lo tanto, nuestra "programación" comienza desde que somos concebidos. Sin embargo, es al salir a la vida que, por medio de las experiencias de la infancia, el alma, el corazón y el cerebro son impactados.

Son estas experiencias las que van registrando nuestras creencias. Y no necesariamente todas son positivas, porque no todos los seres humanos somos criados de la misma manera. Algunos, incluso, cargan la desdicha de no haber recibido amor durante su infancia, de haber sido abusados o rechazados desde pequeños. Pero esto no quiere decir que no pueda haber una transformación en sus vidas. Todos vamos en busca de lo mismo —de la paz— sin importar las pertenencias materiales que tengamos, el nivel de educación que hayamos alcanzado o lo que nos haya ocurrido en el pasado.

El momento del despertar a la consciencia llega cuando reconocemos que vivir en el presente es la manera correcta de seguir adelante, sin dejar que nuestra vida sea regida por el pasado, y mucho menos aferrarnos al futuro, esperando a que todo cambie y sea mejor. Nos toca a cada uno de nosotros comenzar a reprogramar nuestra mente y abrir nuestro corazón.

FORMAR NUEVAS REDES O MANERAS DE PENSAR

Nuestro cerebro es flexible y cada uno de nosotros, a la edad que sea, puede sacar de él el pensamiento que no sea útil y formar nuevas redes. Podemos reprogramar nuestro cerebro, incluso por cuenta propia, tomando una decisión. ¿Por qué valdría la pena hacer algo así? Para comenzar a vivir ese despertar que nos llevará a descubrir ese Yo, único e irrepetible. Al cerebro, o sea a nuestro ego, no le gustan los cambios, por lo que un compromiso contigo mismo es imprescindible; pero también es imprescindible tener disciplina. Estar alertas puede ser un gran reto para nosotros, pero les aseguro que no es imposible.

Muchas veces no comprendemos por qué una persona sigue viviendo en el caos, aun sabiendo que no está bien porque nos lo ha dejado saber por sus constantes quejas. Tampoco entendemos cómo una persona soporta tanto, ya sea que vive en una sumisión absoluta o es tan pasiva que prefiere quedarse así aunque sabe que sufre. Es posible que de pequeña esa persona no se haya sentido valiosa, o pudo haber sido maltratada, o simplemente ha sido una conducta aprendida. Los hábitos también se aprenden por medio de la observación, pero igualmente se pueden romper para establecer otros que nos ayuden a alcanzar eso que tanto anhelamos.

Las creencias son esas formas de pensar que llegan a nuestra vida como principios, valores, hábitos o tradiciones. Todas pueden regir nuestras vidas, incluso cuando ya no estemos de acuerdo con algunos de sus postulados. Esa es la parte más difícil de un despertar correcto. Se arraigan profundamente desde nuestra infancia y muchas son heredadas de generación en generación. Por ello, al llegar a la edad adulta, cuesta tanto cambiar, pues implica un esfuerzo dedicado de la voluntad de la persona y una fortaleza mental importante poder hacerlo permanentemente. Ese es el gran reto que tenemos si queremos descubrir ese Yo, único e irrepetible.

EL ENGAÑO DE VER EL MUNDO A TRAVÉS DEL EGO

Para encontrarnos con nosotros mismos y poder decir: "Yo soy único e irrepetible", es indispensable redescubrirnos, reformular nuestra vida y redefinir nuestra manera de ver las cosas, pero desde la espiritualidad. Y todo esto llega con una reprogramación de nuestras vidas. Estos cambios no tienen por qué ser radicales. La historia será distinta para cada uno de nosotros.

Como ya sabemos, parte de este proceso comienza en la mente, y gobernarla es fundamental para conseguir lo que queremos: paz, alegría y amor. No me olvido de una frase que llamó mucho mi atención, de Sakyong Mipham, autor y sostenedor del linaje de las enseñanzas de Shambhala, y guía de miles de estudiantes en todo el mundo en el camino de la meditación: "La mente es como un caballo salvaje, la seguimos impotentes dondequiera que vaya". Ese caballo del que habla Sakyong tiene nombre; se llama ego. También el ego tiene su nacimiento en el pensamiento y salta desde el cerebro emocional, creando confusión en uno mismo y en las relaciones con los demás.

El ego es dueño de nuestras fantasías y también puede regir nuestros sueños. ¿Cuántas veces hemos escuchado la frase de que vivimos en un sueño? Pues es precisamente lo que creen los budistas, que vivimos en un gran sueño donde todo es ilusión, y como así lo reconocen, practican la meditación. Cuando la mente comienza a pensar, los sueños emergen y es cuando llega la reflexión. Es desde ese punto que elegimos la vida hacia la felicidad o hacia la infelicidad. La mente, o nuestros pensamientos, nos distingue de los animales. Sin embargo, somos ese animal que tiene que aprender a domarse a sí mismo.

La mente es la reina de la vida terrenal. La consciencia que se aprende a tener desde ella para transitar la vida nos llevará a vivir con sentido de eternidad, y se puede convertir en nuestra mejor aliada. El primer paso para reprogramar nuestras vidas es vivir en el ahora, en el presente. Aprender a escuchar las voces de nuestra mente de manera consciente y alerta es el comienzo de una reprogramación adecuada de nuestras costumbres y tradiciones. Es precisamente lo que nos acercará a descubrir que "Yo soy único e irrepetible".

DEL APEGO AL DESAPEGO, PARTE DEL CAMBIO PARA SER ÚNICO E IRREPETIBLE

Para poder vivir de manera fluida, contentos, serenos y en paz tenemos que renunciar al sentido de poseer. El apego nos lleva a aferrarnos a todo, que no es otra cosa que empeñarnos en tener o mantener algo. Y para conseguir esto, debemos desactivar el ego.

El apego, por definición, es afecto hacia algo o alguien. Pero es amar algo o a alguien de forma desordenada, con aferro. Cuando comencé mi proceso para desapegarme de todo, reconociendo primero la fuerza que ejerce esta acción sobre nosotros, descubrí una frase que me marcó para siempre. La escribió Buda y dice:

El origen del apego es el sufrimiento, que crea la ilusión del ego. El dolor en sí no purifica, es como una erupción en la piel que indica un proceso purificador, pero hay que descubrir el origen del dolor y eliminar su causa.

Quiero que tomen estas palabras con mucho cuidado. No quiero decir que querer lograr algo, tener cosas, ser reconocidos, cuidar de nuestra familia, ser amados o incluso amar, esté mal. Lo importante es que todo eso no conforme nuestra identidad. No somos lo que poseemos. No somos lo que queremos ser ni lo que una vez tuvimos o incluso fuimos. Cuando entendemos esto, comenzamos a disfrutar de cada instante de nuestra vida y a vivirla con intensidad. Y eso incluye a nuestra pareja, nuestras pertenencias, nuestro trabajo y nuestras amistades.

Eckhart Tolle, en su libro *Una nueva tierra*, explica muy claramente cómo nos podemos desapegar de las cosas: "El apego a las cosas se desvanece por sí solo cuando renunciamos a identificarnos con ellas. Entretanto, lo importante es tomar conciencia del apego a las cosas". Por eso, esa nueva persona que buscamos ser no puede vivir regida por el ego, y menos aún vivir en el apego.

El Yo al que me refiero es esa esencia pura, tierna. El ego

es todo lo que impide llegar hasta ese Yo, y lo podemos reconocer cuando vivimos conscientes. Porque el ego vive en el pensamiento; es lo humano, y nunca desaparecerá de nuestra mente. El ego es el que se cree que se merece todo, y nos aparta de ese Yo, único e irrepetible.

El espíritu no dice: "tengo que ir a trabajar", "me voy a quedar aquí", "nos vemos más tarde", "están hablando de mí", "te está ganando", "no te dejes". No, eso es función del ego. El espíritu es el que, cuando somos conscientes de nuestra realidad y de lo que somos, vivifica todo nuestro ser y hacer en el mundo. El espíritu es el soplo de la consciencia en ti. Es Dios, omnipotencia, energía sagrada. Es amor incondicional, esencial para comprender la naturaleza de nuestra conexión con las otras personas, con el universo, con la madre tierra y con los animales.

Y, ¿a qué está llamada la persona en esta tierra? A descubrir que es un ser espiritual; un espíritu encarnado en un cuerpo que tiene la capacidad de conectarse con Dios, con el universo, con la consciencia. Conectarse de manera espiritual con ella misma, con los que ama y con todos los otros seres humanos. A todos los puede amar, porque son uno.

La idea de despertar es conseguir amar a todos de la misma manera, aunque no compartamos las mismas creencias o formas de estar en el mundo. La consciencia, después de todo, es amor. Por ello, las prácticas espirituales ejercidas como cualquier otra disciplina son tan importantes. Llamo prácticas espirituales al tiempo diario que una persona se toma para meditar, hacer oración, estar en silencio y para reflexionar sobre sí mismo y ver en quién se está convirtiendo.

Cuando nos apegamos a algo, no permitimos que esa fuerza que vive en nosotros tenga un contacto directo con el universo, que está ahí para nuestro servicio. Es cuando el ego domina nuestras vidas. Es olvidar o no reconocer que todos somos uno. Tú y yo somos una persona y tenemos por lo tanto el mismo valor, la misma dignidad y los mismos derechos.

VIVIR AFERRADOS NO ES LA SOLUCIÓN

Corría, corría enfurecida y lloraba. Quería morirme. Me habían roto el corazón. Pensaba que no iba a poder seguir la vida sin él.

—PACIENTE ANÓNIMA

No puedo ni quiero regalar nada. Tengo mi cochera llena con cajas en hileras hasta el techo, una por una. Ahí guardo zapatos, ropa que todavía está con etiquetas, los baberos de mis hijos cuando eran pequeños. ¡No puedo soltar nada! Si lo hago, siento que no hay piso debajo de mis pies.

—PACIENTE ANÓNIMA

Estos testimonios son reales, de personas que han llegado a mi consulta desesperadas. Son historias que, sin duda alguna, me dejan más claro que nunca que no hay nada que produzca más dolor que vivir aferrados a algo, sin importar lo que sea. Y cuando comenzamos un proceso como este, de cambiar para reconstruir nuestras vidas, tenemos que alejarnos de esa acción.

Es lo que tuvo que ocurrir con cada una de esas personas que ventilaron en mi oficina sus frustraciones, su dolor. Durante un proceso importante, pudimos descubrir las causas de ese dolor y entender que vivir en el apego no va de la mano de ese proceso para el despertar y descubrir ese Yo, único e irrepetible, que vive en nosotros. Si buscamos paz, alegría y amor, necesitamos entender esta premisa. Y lo primero que debemos hacer es soltar, dejar ir o, mejor dicho, desapegarnos.

Esto es, soltarlo todo: la pareja, los hijos, los amigos, el trabajo y, más aún, desapegarnos de los bienes materiales. El evangelio de Marcos (10:21) explica esto muy bien:

"Entonces Jesús, mirándolo, lo amó y le dijo: *Una cosa te falta: anda, vende todo lo que tienes, y dalo a los pobres y tendrás tesoro en el cielo; y ven, sígueme, tomando tu cruz.* Pero él, afligido por estas palabras, se fue triste, porque tenía muchas posesiones".

Esto no se logra si no hay una práctica disciplinada y consciente sobre el propio pensamiento en cuanto al apego.

Muchas personas buscan ayuda porque su estado de consciencia no es el correcto. He ayudado en mi práctica a cientos de personas desde que me dedico a esto, de todos los estilos de vida y capacidades adquisitivas. Personas que no saben cómo afrontar el sufrimiento, y por eso viven en tinieblas y no saben realmente lo que es el amor.

En ese estado me encontraba yo hace veinticinco años. Les confieso que caí de rodillas en el momento en que pude "ver" que yo era una persona. Sé que puede parecer extraño esto que les cuento, pero fue así. Lo que pasa es que cuando las personas han nacido en un hogar estable, donde han sido formadas con principios básicos de enfoque espiritual, con toda probabilidad tendrán, como digo, una cabeza bien amueblada. También es muy poco probable que estas personas necesiten ir un día a terapia, pues de niños tuvieron la fortuna de haber sido impactadas con un amor afirmativo y una educación en virtudes humanas que hacen que esa sensibilidad y responsabilidad espiritual despierten. Ellas, sin duda, como decimos en el *coaching*, están más cerca de ser una mejor versión de sí mismas.

Que conste que eso de convertirnos en una mejor versión de nosotros mismos es posible en todas las personas, incluso en aquellas que tienen su cabeza "bien amueblada". Porque para convertirse en la mejor versión, uno tiene que tomar consciencia: poder reconocer si lo que se emana desde el interior une o desune; si crea paz o crea caos; si inspira o conspira.

Una de las cosas que más disfruté aprender en las escuelas de *coaching* profesional es el concepto del saboteador: esa voz, o múltiples voces, que aparece en tu mente y quiere que dudes de tu habilidad, inteligencia, capacidad, metas y sueños. En fin, es el ego haciendo fiesta en nuestra cabeza.

CÓMO MANEJAR A "EL SABOTEADOR"

Para relajarnos un poco durante una sesión, les digo a mis clientes que el saboteador o los saboteadores son los piojos de la mente. Inmediatamente se produce una transformación de la consciencia. Cuando un niño se llena de piojos, se toman medidas para que no salten a las cabezas de otras personas, y de inmediato se trata al pequeño que no para de rascarse para eliminarlos antes de que se sigan reproduciendo. Es también lo que ocurre con "los piojos de la mente", no solo porque se multiplican, sino porque desde pequeños están en nuestra mente. Tu saboteador quiere que te sientas mal, que te pique la cabeza. ¿Cómo te sientes cuando te pica la cabeza? Mal y desesperado.

Pero, ¿quién es el saboteador y qué hace a nivel mental? El saboteador es el que provoca dolor mental o emocional, es el ego. Es la voz o las voces que están contigo cuando te levantas de la cama, o estás en una reunión de trabajo. Te dice quién y cómo eres y define e interpreta todas tus experiencias, aunque no sean verdad.

El saboteador te dice: "¿Qué haces?", "¿Por qué te recoges así cuando escribes?" "¡Ja, ja! ¿Piensas que vas a escribir un *bestseller*?". Esto y más es lo que me decían los "piojos" de mi mente. Como ya sabes, Yo, única e irrepetible, siempre he soñado con escribir un *bestseller* y aunque el saboteador me diga lo contrario, yo sé que puedo hacerlo, aunque sea de la manera más inusual.

Cuando escribo, imagino que soy una gran pianista. Me siento con gran dignidad y elegancia, y dejo caer mis manos suavemente sobre el teclado. Me convierto en música, y mi cuerpo se mueve ligeramente como las primeras olas de la mañana en el mar. Mis dedos sobre el teclado se convierten en liebres veloces y felices. Pero el saboteador sigue ahí, y me dice: "¡Eso es ridículo! Deberías aceptar la realidad y aceptar que vas a escribir una porquería; ni siquiera has podido publicar un libro". Imagínense, ¿a quién no se le desmorona su autoestima? ¡Qué horror! Darle rienda suelta al ego —al saboteador—, escucharlo y seguirlo es lo que nos lleva a claudicar, a no perseguir nuestros sueños, a no levantarnos para seguir escribiendo. Es lo que nos lleva a la depresión, a la frustración y a la desesperanza. Es lo que nos aleja de nuestra paz, alegría, propósito y del amor, de forma permanente. ¡Es el ladrón de tus sueños!

Toda su voz interna se comporta como un ladrón que nos roba la autoestima, la felicidad, la paz mental, la paz interior o la fe. Es importante reconocerlo. ¡Encuéntralo en tu cabeza para que no se te llene de piojos! Yo he conseguido hacerlo, y sé que tú también podrás. Pero ojo, hay que hacer revisión diaria, porque el hecho de que ya no tengas piojos no quiere decir que no te volverán a dar. Al saboteador —al ego— hay que matarlo alejándolo con matamoscas todos los días de la vida.

DOS

Si el cuerpo es el vehículo de la consciencia, y se nos ha dado para tener y sentir esta experiencia llamada vida y llegar a la felicidad, pero no estamos felices con él, ¿cómo y cuándo se supone que vamos a experimentar la paz, la confianza, la alegría y el amor que tanto anhelamos? Para mí no ha sido tarea fácil, como verán más adelante, pero sí es posible. El sufrimiento ha rondado en mi mente desde que tengo uso de razón, gracias a la inconformidad que sentía con mi cuerpo. No importaba todo lo que hubiese alcanzado en otros aspectos de mi vida, si no hubiese tenido este encuentro conmigo misma, nada hubiese cambiado definitivamente.

Estoy más feliz con mi cuerpo ahora de lo que estaba antes, porque el cuerpo que tengo ahora es el cuerpo por el cual trabajé. Tengo una mejor relación con él. Desde un punto de vista puramente estético, mi cuerpo estaba mejor a mis veintidós o veintitrés. Pero no lo disfruté. Estaba demasiado ocupada comparándolo con el de los demás.

Estas palabras toman mayor relevancia por la persona que las pronunció. Quien hizo esta declaración fue una mujer admirada por su perfección y por su belleza: la supermodelo Cindy Crawford. Increíble, ¿no?

Imagínate por un momento lo que significaría para ti ser liberada o liberado de esa voz autocrítica en tu interior, de ese saboteador del que hablamos en el capítulo anterior, que te atormenta por no tener las piernas largas y delgadas que ves en las revistas, un vientre más plano o menos libras y menos años. ¿Qué harías que hasta hoy no has hecho o dejaste de hacer? Me imagino las respuestas.

Recuerda que los años que tienes, y mucho menos la forma de tu cuerpo, no definen tu vitalidad, tu belleza, tu creatividad ni tu impulso para vivir. A ti y a mí nos han domesticado para pensar eso, pero no, no es así.

Desde pequeños, a muchos nos enseñan que Dios es amor, que hay que ser buenos y que existen el cielo y el infierno. Lo creemos con los ojos cerrados y por ello muchos crecemos con miedo. Lo mismo ocurre con los ideales de belleza que vemos en las revistas o en la televisión. Algunos optamos por adoptar las creencias de nuestros padres. Otros, desarrollamos nuestros propios ideales; elegimos cuáles son los valores y principios que van a regir nuestra vida espiritual, personal, profesional y social, pero desde nuestro ser y no por lo que digan los demás. Partimos de la pregunta: ¿Cómo puedo vivir en felicidad conmigo mismo?

Para conseguirlo, tienes que aceptarte, conciliarte y reconectarte con el amor hacia ti mismo. He desarrollado una técnica que consiste en autodescubrirte de una forma en la que usualmente no lo haces cuando te arreglas en tu casa, frente al espejo. Es mi técnica de modelaje terapéutico, una novedosa práctica de movimiento consciente para despertar, sanar y transformar tu autoestima y crecer en amor propio. La técnica se apoya en los principios de la neurociencia y las herramientas del modelaje profesional. La misma consiste en el uso de grandes espejos para quedar frente a nuestro propio reflejo. Iré desarrollando el objetivo de mi técnica a lo largo de este capítulo, pero puedo adelantarles que la intención principal es la aceptación de uno mismo tal y como es en cuerpo, mente, emociones y espíritu. La técnica que vengo perfeccionando entre hombres y mujeres les ha cambiado la vida a muchas personas y estoy segura de que podrá ocurrir lo mismo contigo.

UN POCO DE MI HISTORIA

Antes, quisiera contarte un poco de mi historia, para que entiendas que nuestro cuerpo y su aceptación es clave para un despertar, y una parte fundamental de nuestro ser para descubrir el "Yo, único e irrepetible", que existe en ti.

Desde que soy jovencita, he sido acosada por mi cuerpo.

Nunca tuve las medidas de una modelo, lo que era razón suficiente para ser el centro de las burlas de mis compañeros de clase e incluso de algunos miembros de mi familia. Una tía, por ejemplo, sin encomendarse a nadie, le decía a mi papá que yo parecía una "vaca" y que lo mejor era que hiciera algo para que rebajara. Yo tenía diez años. Hoy puedo conciliar con la idea de que mi papá reaccionó apropiadamente, tomando en consideración que para él también había sido un comentario hiriente.

Solemos mirarnos en el espejo que nos brinda más comodidad, pero es casi siempre el menos positivo para nuestro desarrollo personal.

Mi papá era muy estricto, y cuidar su físico era importante. Su estilo era impecable, y vestía unos trajes espectaculares. Recuerdo observar atentamente el proceso de su arreglo personal: la camisa blanca, impecablemente planchada por él; la corbata con tonos grises, azules, blancos y rojos; y el traje, aquel traje gris tan maravilloso. Para mí, era el hombre más guapo del mundo. Es más, creo que se convertía en un príncipe frente a mis ojos cuando con sus manos blancas, fuertes y bien cuidadas tomaba la chaqueta y la empezaba a deslizar a lo largo de su brazo izquierdo para ajustarla sobre sus hombros y terminar de colocarla en el brazo derecho. En cuanto a imagen y disciplina, él fue mi mejor espejo. Gracias, Papá, porque al escribir estas líneas comprendo que no sólo en esto fuiste mi mejor espejo sino también en mi amor por los libros, la lectura, el boxeo y la música.

Mi mamá era diferente. Ella fue mi espejo del emprendimiento y del trabajo bien hecho y constante. Aunque la recuerdo como una mujer segura de sí misma, determinada y ambiciosa, no cuidaba tanto de su cuerpo como mi papá. Llegó a la capital, San Salvador, a los trece años para estudiar y se graduó de maestra. Durante esos años conoció a mi papá y se casaron. Cuando yo nací, éramos pobres, pero eso cambió gracias a la pasión que sentían ambos por superarse. Recuerdo que mi padre nos peinaba a mi hermana y a mí y nos llevaba al colegio. Nuestro cabello y su arreglo era impecable. Nuestras trenzas, las de mi hermana y las mías, eran perfectas. Y porque ambos tenían los mismos deseos de superación —mi papá, además de ser contador, estudió dos licenciaturas y mi mamá se hizo experta en cocina— abrieron panaderías y restaurantes.

Curiosamente, y me imagino que les ha pasado a ustedes, solemos mirarnos en el espejo que nos brinda más comodidad, pero es casi siempre el menos positivo para nuestro desarrollo personal. Y es lo que nos pasó a mi hermana y a mí. Puesto que, aunque mi madre era determinada en sus cosas y llena de un amor incondicional, nuestro físico era reflejo de ella y no del de nuestro padre. Luego me daría cuenta de que yo estaba equivocada en la forma en la que miraba a mi mamá. Y es que siempre me fijé en su físico y no en su esencia como ser humano. Con el pasar de los años, descubrí que mi madre había vivido sin complejos y muy segura de sí, porque siempre se aceptó tal y como era. Una mujer sin complejos y llena de amor, lo que yo siempre había soñado.

MI CAMINO AL EMPODERAMIENTO

Después de aquel comentario que mi tía hizo, mi padre nos llevó a mi hermana y a mí a Pigmalión, un centro de desarrollo de la personalidad y etiqueta, fundado por Lilian Díaz Sol, que por muchos años fue cónsul general de El Salvador en Nueva Orleans, Luisiana. Fue increíble lo que sentí al verla por primera vez. Cuando entró al salón donde nos daría las clases de refinamiento, me impresionó su belleza. Era una mujer parecida a Blanca Nieves, con un cabello negro azabache, unos dientes perfectos y blancos adornados por una sonrisa bellísima que era más embellecida por dos hoyuelos en cada una de sus mejillas. Entró por aquella puerta como una celebridad tipo Julia Roberts con una exquisita forma de caminar, de mover el cuerpo con gran elegancia. Su presencia imponía. Su ropa era lo de menos.

Lo que comenzaba a ser un simple curso de refinamiento y modelaje, sería mi primer encuentro con una mujer emprendedora. La misión de Lilian Díaz Sol, por medio de estos cursos, era desarrollar y fortalecer la autoestima de la mujer salvadoreña. Por primera vez escuché de la boca de una mujer la afirmación: "¡Tú puedes ser lo que tú quieras ser!

¡Tú lo decides!". Fue tanta la impresión, que en ese momento quise ser como ella y allí nació mi vocación a la enseñanza.

Aunque ese curso me dio las herramientas para mejorar, no disminuyó del todo los complejos que tenía por mi cuerpo. Ese rechazo de los demás me hizo reaccionar y me revelé. Logré bajar de peso y pensé que por fin sería feliz, pero estaba equivocada. Me faltaba mucho por aprender y por entender que la felicidad no era eso.

Por mi afán de querer agradar a los demás, particularmente a los hombres, estaba tomando decisiones equivocadas que me alejaban de lo que yo quería hacer.

Recuerdo que a los dieciocho años fui delgada por primera vez y que para conseguirlo tenía que comer muy poquito y hacer mucho ejercicio, pero todo el tiempo pasaba hambre. Eran sensaciones mixtas, porque me daba cuenta de que a la gente le gustaba cómo lucía y los hombres me prestaban atención. De ser una jovencita rechazada por todos, pasé a ser una joven admirada y deseada. Pero la verdad es que la relación con mi cuerpo no había cambiado realmente, aunque hacía un esfuerzo importante para hacer las paces con él. No importaba cuántos cambios físicos hacía si no cambiaba mi forma de pensar o de verme a mí misma.

A los veinticinco años, me di cuenta de que, por mi afán de querer agradar a los demás, particularmente a los hombres, estaba tomando decisiones equivocadas que me alejaban de lo que yo quería hacer. Eso me llevó a aceptar relaciones que lo que hacían era dejarme más vacía que nunca. Y fue lo que ocurrió cuando dejé El Salvador por primera vez. Aprovechando el desenlace triste de una relación romántica, decidí poner tierra de por medio y viajar a los Estados Unidos para convertirme en modelo.

CAMINO A MI LIBERACIÓN

Recuerdo que llegué al aeropuerto de Los Ángeles con trescientos dólares que mi papá me regaló. Un tío y su esposa me recogieron, y unos amigos de mis padres me habían brindado estar con ellos mientras yo pudiera conseguir un lugar donde vivir. Fueron meses agridulces ya que nunca había viajado fuera de mi país. No hablaba inglés y nunca había viajado en autobús en un país desconocido. Si no fuera porque tengo un alma aventurera y determinada quizá no habría hecho todo lo que hice. Después de pruebas muy duras en esos primeros meses, como era la búsqueda de trabajo y buscar dónde vivir, conseguí independizarme. Agradezco a la vida estas oportunidades porque me permitieron ser una mujer más fuerte.

Así, llegué a casa de Karen y Paul Napoli para trabajar como niñera de su hija Lisa de dos años. Sin conocer el idioma, y con un diccionario en la mano, le contaba a Karen por qué estaba en los Estados Unidos y por qué quería hacer lo que quería hacer. En realidad, yo no pretendía quedarme en este país —no llegué aquí persiguiendo el sueño americano— sino que quería estudiar modelaje para poder abrir una escuela en mi país. Como un ángel caído del cielo, Karen habló con la Barbizon School of Modeling, que tenía una academia en Sherman Oaks, cerca de donde ella vivía. Ella misma me llevó un sábado a matricularme. Todo lo que yo ganaba en mi trabajo como niñera, lo dejaba en esa escuela los fines de semana y muchas veces solo me quedaba con unos cuantos dólares para conseguir gasolina y comer algo. Seguía delgada, hacía ejercicio y practicaba arduamente en mis horas libres para ser la mejor modelo. Sería una modelo profesional y regresaría a mi país a poner mi academia. Lo que hicieron por mí Paul y Karen Napoli no tiene precio.

Poco a poco, esa idea de ser modelo se fue transformando en algo distinto. Me tocaría mirarme al espejo y aceptarme tal y como era si quería alcanzar el éxito. Ya fuese gorda o flaca, tenía que mirar más allá de mi figura para entender que era una mujer valiosa, recordando aquella contundente frase que me enseñó mi primera profesora de modelaje en El Salvador: "Tú puedes ser todo lo que tú quieras ser". Cuánto sentido tomaban entonces esas palabras. Se trataba de quererme tal y como soy, sin vivir apegada a la idea de la silueta perfecta. Una vez que entendí eso, comenzó a cambiar todo en mi vida, incluso mis relaciones románticas.

PRIMER ESLABÓN
Despertar un amor profundo por mi cuerpo

Lo primero que haces al entrar a la escuela de modelaje es comparar tu belleza, altura y flexibilidad con las de las demás modelos. Vives con una voz autocrítica dentro de ti todo el tiempo que te dice lo que no quieres escuchar: "Tengo que hacer ejercicio para bajar más peso, tonificar los músculos, hacerme masajes para que la celulitis desaparezca, beber ocho vasos de agua para tener una piel limpia, ir al *spa* y hacerme el "facial" y un millón de etcéteras más. Es toda una cadena de "deberes" para poder dar la talla y lucir lista para desfilar en una pasarela, hacer audiciones para un comercial o ser elegida por un diseñador para ser la modelo principal. Vives de tu imagen, pero cuanto te aferras a esta idea, es muy destructivo. Esto, sin duda, te lleva, desde tu inconsciente, al automaltrato. Llegas a compararte con las demás personas de manera tal que en lugar de gustarte te sientes deprimida por ser quien eres, porque nunca llegarás a esa perfección que tienes en tu cabeza.

APRENDAMOS A VER LO BELLO EN LOS DEMÁS, SIN RECRIMINARNOS

Por suerte, a lo largo de todos estos años, he aprendido a ver la belleza de otras personas sin sentirme inferior o menor, no solo en lo físico sino en lo espiritual también. Por ejemplo, todavía recuerdo cuando vi por primera vez a la actriz venezolana Gaby Espino, y cómo pude contemplar su belleza y su elegancia sin tener las inseguridades que tenía antes. Recuerdo cuando entró al escenario durante un foro de *People en Español* en Miami. Cada persona que estaba allí se detuvo para admirar su belleza.

Lo mismo me pasó cuando vi por primera vez a Oprah Winfrey en su estudio en Chicago. Una amiga mía había conseguido entradas para uno de sus programas y el universo me dio el regalo de ser parte de su audiencia en vivo. La presencia de esta mujer impacta de una manera impresionante. La energía y el poder personal que emana de su interior, así como la fuerza que proyecta frente a la cámara, sin duda alguna está afianzada por su espíritu: su Yo, único e irrepetible.

La forma en que ambas se paran, caminan, posan, miran, mueven las manos, hablan y hacen ciertos gestos ayuda a proyectar su belleza, algo que conocen muy bien. Pero es importante saber cómo proyectarla para uno sentirse seguro de sí mismo. Se le puede sacar partido a esto para alcanzar nuestras metas y romper con creencias o paradigmas que traemos desde siempre. Yo soy un gran ejemplo de que estos hábitos se pueden aprender, por lo que he creado el ejercicio de "modelaje terapéutico" para alcanzarlo.

EL MODELAJE TERAPÉUTICO PARA ATREVERSE A SER

Te preguntarás, "¿Se puede tener un despertar por medio del cuerpo y de nuestra imagen?". Claro que sí. Es parte fundamental del despertar a la consciencia. Nuestro cuerpo es el vehículo para alcanzarlo. Por ello, cuando uno se despierta a su vida, a su valor, a su maravilloso Yo, único e irrepetible, puede haber un cambio en nuestro estilo de vida que nos lleva a tomar decisiones tan sencillas como alimentarnos mejor, hacer ejercicio o arreglarnos más. Pero ya no se hace porque se compite con alguien, o siguiendo alguna norma o regla impuesta, sino porque despiertas a ti, a tu belleza y a tu forma de ser original. En el mundo no hay nadie como tú. Recuerda, tú y yo somos seres apabullantemente bellos, únicos e irrepetibles, en un cuerpo que es el ideal para permitirnos tener esta experiencia de la vida y desarrollar el poder personal.

La práctica del modelaje terapéutico ayuda a las personas a prestar atención a las tres dimensiones de la existencia corporal: el cuerpo ordinario, el cuerpo sutil y el cuerpo causal. Explicaré brevemente cada una de ellas con el fin de comprender mejor la maravilla que somos.

1. El **cuerpo ordinario** es el físico. Su condición y forma depende de los cuidados que le des con el tiempo, transformándose con la alimentación y los ejercicios. *Palabras clave:* modelaje, ejercicio, danza.

2. El **cuerpo sutil** es la intuición. Con este, experimentamos nuestros sueños y se transporta el alma al momento de la muerte. Tiene diferentes tipos de energía provenientes de los centros de energía, o chakras, de nuestro cuerpo. *Palabras clave:* visualización, yoga, acupuntura.

3. El **cuerpo causal** es la habitación del silencio infinito y albergue del Yo, único e irrepetible. Sentimos su potencialidad en el sueño profundo y al practicar la oración y la meditación. *Palabras clave:* oración, meditación.

Conocer las tres dimensiones de la existencia corporal te permite darte cuenta del misterio que somos. Como el cuerpo es el vehículo de entrada a la consciencia, a cada uno de los cuerpos le corresponde un estado de consciencia diferente. Para el cuerpo físico, sería la de la vigilia; para el cuerpo sutil, la del sueño y para el cuerpo causal, la del sueño profundo. Con el modelaje terapéutico buscamos ejercitar conscientemente todas las dimensiones de nuestro ser: cuerpo-mente-espíritu-sombra, incluyendo los aspectos más elevados de nuestro ser único e irrepetible.

Al convertirme en *coach* y psicoterapeuta, luego de mis años como instructora de modelaje en mi país, notaba algo extraño en las mujeres y los hombres que llegaban a mi oficina. Me daba la impresión de que sus cuerpos estaban empequeñecidos. El temor al presentarse ante alguien extraño los obligaba a encorvar sus espaldas, a agachar sus cabezas con la mirada casi puesta en el suelo. Una timidez extrema. Al caminar pasaba lo mismo, pues me revelaban su energía, vitalidad, autoestima, ritmo y uso del espacio.

En mi grupo de apoyo de colegas psicoterapeutas en Austin, siempre hablaba sobre cómo, aproximadamente en el sexto mes del proceso, no podía evitar empezar a trabajar con cada persona en sus cuerpos y en la corrección de su forma de caminar, su postura e inclusive su manera de sentarse. Pues la realidad es que no necesitamos abrir la boca para anunciar al mundo quién es cada cual. Aprender a caminar, a llevar el cuerpo y a sentarse es tan importante como aprender a multiplicar, pues esto nos empodera. Cuando cada persona se siente en control y dominio de sí misma, cuando uno se siente a gusto consigo mismo, la postura del cuerpo cambia. Cuando ponía en práctica esta teoría en mi academia, las personas se recobraban en su cuerpo y conectaban con su dignidad y autoestima; se movían y sentían poderosas, seguras y contentas. Como las modelos y los actores. Mi misión, entonces, era enseñarles una verdadera curación de recuerdos, traumas, complejos, resentimientos y más.

ENTRENEMOS NUESTRO CUERPO DESDE EL MODELAJE TERAPÉUTICO

Cuando creé el modelaje terapéutico, lo hice para ofrecer una herramienta que despertara la autoestima dormida en cada uno, que los conectara con la esencia única e irrepetible desde la aceptación de nuestra historia revelada en nuestro cuerpo. En el modelaje terapéutico utilizo las enseñanzas de la neurociencia y las herramientas del modelaje que van desde la postura, la forma de caminar, el movimiento de los brazos y la cabeza. También incorporo una caja de herramientas que contiene un espejo, música y unos zapatos de tacón, o una chaqueta para el hombre, con la idea de provocar un despertar espontáneo que produce una transformación inmediata y cambios internos permanentes; cambios que se traducen en un despertar a la vida, sin importar la edad que se tenga o las formas del cuerpo. Las personas que vienen a este taller no necesariamente están atravesando por una depresión o por alguna enfermedad física o mental, sino más bien son personas que quieren reinventarse porque, tal vez, están pasando por una etapa difícil en su vida —una transición, un divorcio, una pérdida— cosas que a todos nos pasan.

Estarás de acuerdo conmigo con que la entrada a la vida adulta siempre nos hace perder parte de esa originalidad, espontaneidad y creatividad con las que naturalmente venimos a la vida. Muchos nos casamos, tenemos hijos, somos exitosas o exitosos; otros abandonamos los trabajos para entregarnos por completo a ser amas de casa y los hombres hacen lo contrario; y otros logramos tanto éxito profesional que llega un momento en que nos olvidamos de nuestra apariencia, alegría y espontaneidad debido al estrés que nos produce la obligación profesional. Esto es lo mismo tanto para el hombre como para la mujer.

En el modelaje terapéutico utilizo […] un espejo, música y unos zapatos de tacón, […] con la idea de provocar un despertar espontáneo que produce una transformación inmediata y cambios permanentes; cambios que se traducen en un despertar a la vida.

El resultado de la transformación que se va dando semana a semana en estas personas es impresionante. Unos regresan a la niñez y se reconectan con su niño interior. Otros tienen una experiencia de estar en el mismo cielo al sentir la elevación de su alma. En el caso de las mujeres, algunas toman la decisión de trabajar en un matrimonio que se ha entristecido o de terminar con una relación en la que no son valoradas.

Los viernes trabajo solo con un grupo de mujeres y enseño movimientos básicos de perfección en la postura y recorrido de la pasarela. Utilizo la música, el espejo y los zapatos de tacón y practicamos juntas. Luego de una hora, las invito a crear sus propias rutinas dándose cuenta así del enorme poder creativo que existe en ellas y de que cada una es una verdadera estrella. La experiencia es vivida a nivel físico, emocional, intelectual y espiritual. Estamos frente al despertar espontáneo de la consciencia, una que es única e irrepetible.

¿QUIÉN ES LA PERSONA IDÓNEA PARA PRACTICAR EL MODELAJE TERAPÉUTICO?

No hay edad precisa para poner en práctica el modelaje terapéutico. Más que edad, es reconocer que es el momento de enfrentarse a un cambio relevante en la vida para seguir adelante. La práctica se enfoca en la esencia que habita en el cuerpo de cada persona. Se le enseña a mirarse a sí misma delante el espejo, a conocerse de una forma diferente, a asombrarse y sorprenderse rompiendo con lo que ha aprendido.

Como parte de la introducción que hago al inicio de cada sesión, selecciono una canción y explico algunos movimientos básicos con la idea de activar algunos de los neurotransmisores que nos disparan la felicidad. La neurociencia se ha dado a la tarea de investigar estos neurotransmisores para que el ser humano pueda estimularlos de manera natural. Así, se pueden construir nuevas rutas neuronales que nos permitan salir más rápido y fácilmente de una situación que nos causa dolor o incomodidad. Con el modelaje terapéutico yo pretendo que cada persona que llega a mi estudio experimente una sinapsis que se desplazará a través de todo su sistema nervioso central provocando chorros de oxitocina, serotonina, dopamina, adrenalina, noradrenalina, acetilcolina y cortisol. El resultado es la felicidad de reconocer que uno verdadera y contundentemente es alguien único e irrepetible. Ese despertar nos impulsa a cuidar el cuerpo, a tener una mejor alimentación, a bajar los niveles de estrés y a empezar a dormir mejor. En el capítulo 4, te daré consejos prácticos de una sesión de modelaje terapéutico.

MEDITEMOS FRENTE AL ESPEJO

Antes de que llegue ese momento de mirarnos al espejo gigante, debemos practicar un primer paso para comenzar a aceptarnos a nosotros mismos, incluyendo a nuestro cuerpo. Esto te abrirá muchas puertas.

Los espejos siempre han sido parte de mi vida, especialmente por la experiencia de no sentirme bonita. Solía pasar horas frente al espejo haciendo todo tipo de experimentos, sobre todo con mi cabello, para mejorar mi apariencia. Cuando entré a la escuela de modelaje, el espejo se convirtió en un crítico exigente para mí, para llegar a lucir un rostro y cuerpo con una imagen parecida al de las mujeres en las revistas de moda con quienes no podía evitar compararme.

En realidad, el espejo es el objeto por excelencia en el mundo donde vemos nuestro reflejo y la condición física en la que estamos. Por ello, se utilizan en los gimnasios y en las escuelas de modelaje, y hasta los periodistas de televisión practican frente a él. Algunas personas —unas con poca o ninguna vida social activa o que no tienen una imagen pública, por así llamarlo— se van abandonando y llegan a un punto en que solo se miran en el espejo ligeramente para arreglarse. Muchos de mis clientes y de personas que me escriben nunca se han comprado un espejo de cuerpo completo. Sin embargo, es muy importante tener uno, pues es lo que nos acerca a establecer la relación correcta con nuestro cuerpo, que es lo más preciado y hermoso que tenemos, sea cual fuera su forma.

EL TRABAJO CON EL ESPEJO

En sesiones individuales que he realizado en mi oficina, comencé a incorporar el uso del espejo poco a poco. Hoy, forma parte de mi técnica. Además de usar un espejo de cuerpo completo, uso otro pequeño para que la persona solo trabaje su rostro. Este es el primer paso. A diferencia de lo que pasaba con las estudiantes a modelos, o con las chicas a las que entrenaba para concursos de belleza que con gran soltura se miraban y movían frente al espejo, estas personas inmediatamente mostraban un cambio en la expresión de su rostro al ver su reflejo frente a ellas mismas. Algunas hacían una mueca, otras bajaban inmediatamente la mirada y otras se alejaban del espejo con una expresión de: "No puedo, no me gusta lo que veo". Otras se conmovían, lloraban y decían: "Es algo muy extraño lo que me pasa, soy maquilladora, y nunca había tenido esta experiencia tan profunda y reveladora de mí".

El objetivo principal es trabajar con su autoestima, autoconcepto, autoconfianza, sentido de la vida, amor propio, dignidad y compasión.

Descubrí así que algo tan simple como pararse frente a un espejo podía ser algo muy poderoso para ayudar a estas personas a descubrirse, a reconciliarse, a comprender el guión de su vida. Apreciaban de cerca sus arrugas y lidiaban con esas libras de más que siempre les habían causado sufrimiento por el acoso al que habían sido sometidas a lo largo de sus vidas o simplemente por lo que pensaban de sí mismas. En la actualidad, trabajo la técnica cada semana y cada alumna se lleva una práctica —que compartiré con ustedes— para desarrollar en su casa durante la semana.

El objetivo principal es trabajar con su autoestima, auto-concepto, autoconfianza, sentido de la vida, amor propio, dignidad y compasión.

Antes de enfrentarte al espejo por primera vez, de la manera que lo harás próximamente, quiero compartir estas palabras que una vez dijo la presentadora Oprah Winfrey, y que se han convertido en unas de mis favoritas:

> *La próxima vez que te mires al espejo, despréndete de esa historia que dice que eres muy gorda o muy cetrina, muy pálida o muy vieja, que tienes ojos muy pequeños o que tu nariz es muy grande. Simplemente mírate en el espejo y contempla tu rostro. Cuando las críticas se desvanezcan, lo que verás entonces será solamente a ti, sin juicios, y ese es el primer paso para transformar tu experiencia del mundo.*

No lo olvides, somos personas únicas e irrepetibles.

UN ENCUENTRO ANTE EL ESPEJO QUE NOS CAMBIÓ LA VIDA

Les quiero contar una historia que nos cambió la vida a muchos. El 12 de julio de 2017, conocí por primera vez a una de las presentadoras del programa *Despierta América* de la cadena Univision, Francisca Lachapel. Ese día practiqué con ella —ante millones de televidentes— el ejercicio frente al espejo que hago con mis clientes en la privacidad de mi oficina y en mi academia en Austin, y que quiero que ustedes también hagan. Delante de un espejo gigante, Francisca se encontró con su reflejo, una acción que, como sabemos, es bastante normal para todos, pero que en esta ocasión tendría otros motivos. Le expliqué cómo sería la dinámica y le pedí que describiera lo que veía reflejado. Ante la atónita mirada de todos los que estábamos allí, quedó en silencio por un momento. De repente, irrumpió en un llanto casi incontrolable y nos confesó a todos que no podía verse a sí misma. No me quiero imaginar lo que sentían los amigos que nos veían a través de la pantalla chica, porque para nosotros fue una revelación muy importante.

Me sorprendió muchísimo la respuesta de Francisca y, les debo confesar, que hubo un momento en el que pensé que no era cierto lo que estaba pasando. Sin embargo, confié en mí como profesional y en mi experiencia haciendo esta terapia. Al verla así, tan quebrada, sin poder levantar la cabeza, simplemente le dije, "mírate en este espejo", y ese espejo era yo. La reté a que quedara frente a mí y se viera en mí misma. Intervine varias veces hasta llevarla de nuevo frente al espejo para llegar al punto más importante de este ejercicio. Luego de varios minutos, la guapa ex reina de belleza se repuso, superando por un momento los miedos que le imposibilitaban hablarse a sí misma. Con un megáfono en sus manos, tuvo el coraje y la convicción de gritar a todos "Yo soy única e irrepetible". Lo repitió varias veces, hasta que sentí que esa afirmación salía de su corazón. El silencio se rompió con el aplauso de los productores, de los camarógrafos y del resto del talento. Fue un momento emocionante e intenso.

Ese momento nos cambió a todos, incluyendo a los millones de televidentes que nos acompañaron en esta inolvidable experiencia. Ese día cambió mi vida. Confirmaba muchas cosas, en especial la fuerza que tiene nuestro espíritu para enfrentarse a nuestros miedos, y concertaba la idea de escribir un libro que llevaría por nombre esa fuerte afirmación que yo he venido desarrollando por tanto años y que Francisca había hecho suya.

LA POSTURA CORRECTA PARA FORTALECER LA AUTOESTIMA

¿Qué has observado en la postura de un actor, una modelo, un presentador de televisión o una bailarina? Todos los profesionales que menciono son sometidos a un riguroso proceso de conocimiento del cuerpo y de sus formas. Cuando estamos frente al espejo, es el momento perfecto para fijarnos en nuestra postura. A todo este aprendizaje se lo llama control consciente, pues implica una atención plena y activa de la mente en el proceso de corrección, aprendizaje e implementación de la forma correcta de pararte y mover el cuerpo.

El concepto de la atención plena —*mindfulness*, en inglés— es una forma de meditación creada por el Dr. Jon Kabat-Zinn para ayudar a aliviar el dolor y el estrés que se produce en pacientes con dolor crónico. Al practicarlo, uno se convierte en un observador de lo que pasa con su cuerpo, sus sentimientos y sus pensamientos en el momento presente y sin juzgar la experiencia que se está viviendo. También significa aprender a estar y ser completamente consciente del aquí y el ahora; vivir siempre en el presente y no quedarse en el pasado ni viajar al futuro. Vivir así, con atención plena al presente, permite no perderse los momentos buenos y dolorosos del ahora de la vida. También es perfeccionarse, segundo a segundo, como persona y tener una experiencia completa de lo que es la vida. Es observar todo lo que nos pasa en una actitud compasiva y amorosa, y sin juzgar.

Corregir tu postura corporal es aprender a tener la habilidad de decir no a un patrón innecesario. Cuando piensas en moverte, las partes del cerebro que te mueven se encienden como quien enciende una lámpara; y cuando te mueves, las partes del cerebro que te mueven se encienden otra vez. Estas direcciones mentales invitan a la liberación y alargamiento de los músculos. Es como cuando un ave emprende su vuelo. Nuestro cuerpo está diseñado para hacerlo.

Pues, de ahora en adelante, vas a actuar como un artista, un modelo o un presentador de televisión. Todo tiene que ver con nuestra postura, que, al final del día, proyecta seguridad. Y por eso les quiero hablar de otra herramienta que utilizo frente al espejo, la Técnica Alexander, desarrollada por el actor australiano Frederick Matthias Alexander en 1890. Alexander padecía de una laringitis crónica cada vez que le tocaba subir a un escenario. Al fin lo pudo curar cuando se dio cuenta de que era provocada por el exceso de tensión en su cuello y en su cuerpo durante alguna presentación. Así, comenzó a encontrar nuevas formas de hablar y de moverse con mayor facilidad, eliminando todos sus malestares. Luego de haber llamado la atención de sus colegas y de los doctores que lo habían atendido antes, comenzó un proceso de reeducación de patrones mentales y físicos cuyo objetivo principal fue el de cambiar la forma de mover el cuerpo. La técnica busca reeducarnos en cuanto a los hábitos que se tienen al sentarse, pararse, caminar o proyectarse. No solo ayuda a potenciar nuestra voz, sino que mejora significativamente las dolencias en la espalda o cualquier otra parte del cuerpo.

Y es que, con el paso de los años, debido al exceso de tensión física, mental y emocional, gracias al mal diseño de los muebles que utilizamos y a otros factores, la mayoría de las personas vamos desarrollando hábitos que interfieren con nuestra postura, coordinación y con el funcionamiento natural de nuestro cuerpo. La belleza del cuerpo se deforma y termina creyendo que la posición que lleva es la normal. La Técnica Alexander enseña a corregir ese automatismo.

Con su técnica, Alexander fue el primero en hacer constar que el pensamiento y la forma de moverse son el camino para una mejor vida. Cuando se aplica esta técnica conscientemente, esta conexión restablece la ligereza, el porte erguido y el equilibrio mientras nos sentamos, nos paramos y hacemos otras actividades cotidianas.

APRENDER A CONTROLAR NUESTRO CUERPO

Antes de continuar, te invito a que practiques este ejercicio que te ayudará a perfeccionar tu postura. Al pararte, haz lo siguiente:

1. Siente el peso del cuerpo sobre los talones. Los pies deben estar separados, siguiendo la línea de la cadera.
2. Flexiona o dobla ligeramente las rodillas.
3. Descansa libremente los glúteos y la zona del abdomen.
4. Con una inhalación profunda, llena la caja torácica de aire.
5. Alinea los hombros de la siguiente manera: Súbelos hacia arriba suavemente como tocando las orejas e inmediatamente déjalos caer con suavidad hacia abajo. Este movimiento hará que tomen la forma correcta. Evitarás que estén tirados hacia abajo o que parezcan muy rigidos.
6. Deja el cuello flojo, suéltalo.
7. Ahora trata de imaginar que de tu coronilla sale un hilo de oro que te ata a una nube en el cielo. Ya has obtenido la perfección en la postura.

Mi deseo más profundo en este momento es que te animes a reconocer tu belleza sin importar la edad que tengas, cuál sea tu peso o la talla de tu ropa. Es cierto, tenemos que cuidar de nuestro cuerpo, pero también aceptándonos tal y como somos, seres únicos e irrepetibles. ¿Sabías que perder peso de manera adecuada y permanente es el resultado de una conexión entre el "yo" de afuera y el "yo" de adentro? Mientras no nos tengamos amor profundo y auténtico, el resultado será momentáneo, volverás a ganar esas libras o nunca estaremos satisfechos. Eso quiere decir, que no llegaremos a alcanzar la felicidad, paz o amor propio que anhelamos. Antes de pasar al siguiente eslabón, te invito a hacer esta promesa de amor a tu cuerpo yendo al Ejercicio 5 en la página 126.

SEGUNDO ESLABÓN

La personalidad del Yo, único e irrepetible

¿Qué es la personalidad? ¿Cómo configura nuestra psicología o manera de sentir? ¿Qué la construye y qué la sostiene?

"Se buscan personas con características únicas". Esta frase de la película de Hugh Jackman, *The Greatest Showman*, me cautivó desde el primer momento en que la vi. Sin duda alguna, es toda una declaración, una sacudida a la consciencia para despertar. Es entender que hoy, más que nunca, nos tenemos que atrever a amarnos tal y como somos. Esa frase es una definición muy precisa de lo que es la personalidad, ese conjunto de características únicas, maneras de ser distintas, de expresarnos, de lucir y de comunicarnos que nos hace diferentes, originales. La personalidad es el perfume, la huella, la memoria, la impresión, la presencia, la sensación que dejas de ti en los demás después de conocerte.

La personalidad es tu forma de comunicarte, de salir al encuentro de los otros de una forma tímida o abierta. Se manifiesta en tus gestos, tus manías, tu forma de resolver conflictos o tu forma de mediar por la paz. Es también el grado de humildad o ego que haya en ti.

Cada persona trae en su ADN la herencia genética de un padre o de una madre; pero, además de la herencia genética, carga con las creencias de generaciones. Esto sin duda puede definir su personalidad. Cuando en nuestra genética hay enfermedades mentales, se han venido transmitiendo disfuncionalidades de generación en generación. Esto queda alojado en el mundo subconsciente de esa persona que, si quiere cambiar, tomará una férrea determinación, y la decisión de invertir en sí misma para romper con esas creencias que no hacen más que limitarla.

Por ejemplo, yo recuerdo que a los trece años decidí dejar de ser tímida. Fue una decisión que tomé después de haber conocido a Lilian, mi maestra de desarrollo personal a quien mencioné anteriormente. Luego, mi papá puso en mis manos un libro que se llamaba *El poder del pensamiento tenaz*, y otro que se llamaba *Triunfo*. A esa edad, también me encontré con el libro de Proverbios de la Biblia.

Fue apenas el inicio de mi desarrollo y transformación personal. Hoy, con más de cincuenta años, este proceso de aprendizaje no ha parado. Y es que no termina nunca, ni siquiera al uno graduarse de bachillerato o escuela superior o al salir de la universidad. Si pensamos así, ignoramos que ser persona es el regalo y la oportunidad para ir despertando a muchas vidas, ciclos y experiencias que habitan en lo íntimo y profundo de nuestra consciencia. Con este libro, lo que quiero es provocar un interés importante por el despertar hacia un levantamiento existencial, y eso incluye definir o hacer cambios en nuestra personalidad de modo espiritual. El levantamiento existencial es encontrarse con ese potencial tan especial que cada uno tiene para desarrollar sus talentos y su inteligencia emocional y académica. Para levantarse existencialmente, uno debe hacer todo lo posible para lograr su máxima potencia como persona, esforzándose para hacer mucho más de lo que pensaba posible o que quizá nunca pensó que podría llegar a ser. En fin, es el proceso de pasar de ser ordinario a ser extraordinario.

Ser persona es tener unidad de cuerpo y espíritu. Esto quiere decir que no hay una dualidad en nuestro ser. El espíritu no es un órgano, sino es la energía, el misterio que vivifica al cuerpo. El SER es ese espíritu, que es inteligencia y es voluntad. El alma es cada persona en particular con un nombre propio. Tu nombre te hace ser único, original. Nos sirve desde muy bebés para reconocernos, siendo una persona en particular, aunque ese nombre sea llevado por millones más. Cada uno, al escuchar su nombre, se siente original, único e irrepetible. Por eso, en todo el mundo nunca existirá alguien como tú. Ahora bien, ese tú no llega a este mundo realizado. Viene con una gran potencialidad para ser, tal como es la promesa de la bellota de convertirse en cedro. Pero para que llegue a esa belleza, tienen que pasar muchos años y cambios.

Creo que la mayor incapacidad de una persona es desconocerse a sí mismo, pues cuando se ignora el potencial y no se desarrolla la personalidad, se pierden oportunidades de crecimiento importantes, se cometen errores. Uno termina pensando que no es nadie. Sin embargo, todos somos alguien valioso, extraordinario e importante que cuenta. Somos únicos e irrepetibles, y aquellos que no ven esto es porque ellos mismos no han visto su propia belleza. Se asustan, se empequeñecen, se dan una nota baja a sí mismos o ven a otros como una competencia; se aíslan de la sociedad, evitando a toda costa establecer nuevas amistades o relaciones personales con los demás. Es un mecanismo de defensa inconsciente, pero que se puede corregir con la ayuda necesaria. A veces, requiere de recibir la ayuda de un profesional, como un *coach*, un psicoterapeuta o un director espiritual.

ASUMIR LA RESPONSABILIDAD ABSOLUTA

El primer paso para reconfigurar nuestra personalidad es asumir cien por ciento la responsabilidad por ti mismo. Salir del estado de víctima, dejar de culpar a tus padres por lo que no te dieron en la infancia o por lo que te pasó en la infancia. Sentir verdadera pasión por ti, por el ser que eres, con todos tus defectos y virtudes. Ser perseverante para no cansarte de mejorar y desarrollarte. Es transformarte en ese diamante que eres. Un compromiso contigo mismo es crucial para comenzar a cuidar y sanar tu mente, tu corazón y tu cuerpo. Es todo lo que necesitas. ¡Ya verás cuán lejos llegarás!

FUNDAMENTOS DE LA PERSONALIDAD DE UN SER ÚNICO E IRREPETIBLE

Algunos de los fundamentos más importantes del desarrollo adecuado para tener una mejor personalidad, a tono con lo que se necesita para un despertar correcto, son los siguientes:

Generosidad: La cualidad de ser amable, comprensivo y no egoísta; de ser generoso. Para alcanzarla, practica el desprendimiento y el servicio. Erradica la tacañería y el egocentrismo.

Optimismo: La actitud de esperar cosas buenas. Desarrolla la alegría. Erradica el pesimismo y la negatividad.

Perseverancia: Debe ser la firma de tu alma. Es el esfuerzo sostenido para hacer o lograr algo a pesar de las dificultades, el fracaso o el rechazo. Desarrolla la determinación. Erradica la pereza.

Responsabilidad: La consciencia de ser un ser moral. Desarrolla la cortesía, el tacto y la confianza. Erradica el egoísmo.

Respeto: El acto de ser consciente de la grandeza del otro. Desarrolla el sentido de dignidad y consciencia de la dignidad del otro. Erradica la desconsideración, el despotismo y la arrogancia.

Sinceridad: La cualidad del corazón honesto y la honestidad en la mente. Desarrolla la autenticidad. Erradica la falta de sinceridad, pudor y sobriedad.

Flexibilidad: La cualidad de estar dispuesto a cambiar, a abrirse a cosas diferentes. Desarrolla el desapego y la comprensión. Erradica la terquedad y necedad.

Lealtad: La cualidad de ser leal. Desarrolla la honestidad y la confianza. Erradica la traición.

Gratitud: La cualidad del bien nacido. Desarrolla el agradecimiento, la confianza en sí mismo. Erradica el victimismo y la envidia.

Mi vida hubiese sido muy diferente si estos fundamentos de la personalidad se hubieran programado en mi ser desde mi más tierna infancia. Sin duda, hubieran elevado "el edificio de mi personalidad" a otro nivel. Las virtudes humanas forman tu carácter y cimientan tu personalidad. Ellas registran en el disco duro de tu cerebro —en tu lóbulo frontal— los hábitos, la disciplina, el orden, la integridad y una profunda consciencia de ser la obra maestra de Dios.

TERCER ESLABÓN
Mi Yo espiritual es irrepetible

Llegar a esta parte me emociona. Como les he explicado antes, ustedes y yo somos una unidad indivisible de cuerpo y espíritu. Esto es lo que nos hace seres espirituales. Las personas dicen, "No soy religioso, soy espiritual". En realidad, todos somos seres espirituales, pues a todos nos anima el espíritu, pero no todos somos religiosos. La persona religiosa es aquella que sigue unos dogmas de determinada fe, acepta hacerlos suyos y sigue sus creencias y sus ritos.

El cuidar y conocer nuestra alma nos ayuda a desarrollar la intuición que se vuelve realmente un maravilloso radar para nuestra vida.

Más allá de nuestras creencias religiosas, el cuidar y conocer nuestra alma nos ayuda a desarrollar la intuición que se vuelve realmente un maravilloso radar para nuestra vida. Crecemos en virtudes, inteligencia emocional, templanza y afecto desinteresado, que es el puente que conecta a unas almas con las otras. Realmente, los que viven en la luz se reconocen entre ellos, así como van adquiriendo la capacidad de reconocer que no todos son personas con corazón bueno e intenciones nobles. Por ello, es tan importante conocer que somos una unidad sustancial de cuerpo y espíritu.

¿Qué quiere decir que somos una unidad sustancial de cuerpo y espíritu? Que a nuestro cuerpo lo activa el espíritu, pero no sólo a ti y a mí sino a todos los seres vivientes. En el caso de los seres humanos, cada uno posee un alma individual dotada de inteligencia y de voluntad. Por ello, hay que cuidar el alma como se cuidan el cuerpo, los dientes, las uñas y el cabello. Cuando una persona, ya sea la que nace en un rancho o la que nace en medio del privilegio, no aprende que es más que emociones y deseos, no está aprovechando su potencial al máximo y ese potencial se pierde.

El alma es intuitiva en la adolescencia, cuando muestra su vigor y su fuerza para alcanzar lo que sea. En ese momento, puede existir cierta rebeldía en el ser humano. Desde esa etapa, nacen los ideales de los que la mayoría no son conscientes. Si a esa edad nos enseñaran que todo ello son manifestaciones de nuestra alma y que la tenemos que cuidar, muchas personas no renunciarían a sus sueños e ideales, pues conocerían profundamente a su alma y le darían los cuidados necesarios para mantenerla optimista y vigorosa, siempre. Seguramente has escuchado esa frase que dice que "el alma no envejece nunca". Pues esto es verdad siempre y cuando la cuidemos y la llevemos al *spa* de la oración, la meditación y la práctica de lo noble y generoso. ¿No te parece maravilloso?

El alma es el templo del SER, la paz y el silencio. El radar de la vida, el alma es nuestro SER más íntimo y profundo.

El alma siempre es bondad y belleza. No hay maldad, malicia ni falta de integridad en ella. Entonces, ¿qué provoca que estemos constantemente luchando con cosas negativas o pensamientos que nos quitan la paz? En el budismo, esa negatividad la provoca una entidad llamada "Mara", que es la parte negativa que habita en cada persona y construye una ilusión de la interioridad de la mente. En el cristianismo, es el pecado; y para el psiquiatra suizo Carl Gustav Jung, es el inconsciente colectivo que se acumula en el curso de la vida de nuestros antepasados.

EL PODER DEL AMOR

Sin embargo, si existe un principio de ley universal, es el del Amor. El amor se opone al miedo. El amor es flexible, compasivo y comprensivo. Yo creo que ese amor, esa consciencia que abarca y que conecta a todos los seres ya está aquí.

Dependerá de nosotros dar ese salto cuántico que nos impulsa a cambiar patrones y creencias incrustadas en nuestro cerebro, aunque no en nuestra alma, porque nuestra alma es perfecta y pura.

Cada uno de nosotros nace con consciencia divina. La razón para estar en la tierra es comprender esto y vivir la vida en busca de justicia, comprensión y compasión. Es servir a los demás, pero también perseguir los sueños a los que tenemos derecho y que el mismo Dios ha puesto en nuestro corazón. Esta es la razón que a mí me ha impulsado a escribir este libro.

MI DESPERTAR

Llegar a este momento, luego de haber hablado del cuerpo y de la personalidad, nos puede llevar a tener más preguntas que respuestas. Por ejemplo, pueden ser preguntas de naturaleza ontológica como: ¿Quién soy? ¿De dónde vengo? ¿Hacia dónde me dirijo? ¿Qué es lo mejor que puedo hacer? ¿Cuál es el propósito de esta vida? Cuando nos planteamos seriamente estos cuestionamientos, estamos despertando a la dimensión más hermosa de ser persona. Se puede ver ante uno mismo un camino iluminado hacia el cielo que representa el crecimiento personal, o mejor, el desarrollo espiritual. Es tan hermoso conocer esa parte de uno mismo, pues ahí no hay preocupaciones ni metas o propósitos. Y si esa parte de uno mismo tiene un propósito, sería el de fluir creativamente en el mundo, sin preocupaciones, con paz y haciendo mucho bien. Yo creo que hacer el bien te lleva al éxito y a la abundancia, pues Dios es justo.

En mi caso, quiero contarles una experiencia de índole estrictamente espiritual y no religiosa. Porque como les dije al principio, todos somos entes espirituales, aunque no profesemos religión alguna.

Luego de que mi esposo sufrió un ataque fulminante al corazón, que lo mantuvo sin vida por veinte minutos, me planteé dos cosas. Primero, que solo tengo el instante presente y si no hago lo que mi corazón me pide momento a momento, la vida se va como el agua entre las manos. Segundo, al enfrentarme a ese episodio pude ver de cerca que esto que vivimos es transitorio y que debemos ser humildes y agradecidos.

La intensidad de lo vivido hizo estragos en mí cuatro meses después. Mi sistema nervioso había colapsado. El cuerpo tiene memoria. Siendo una mujer de una intensa vida de oración y meditación, mi cuerpo hablaba por mí. Me llevaron al hospital paralizada de la cintura hacia abajo. A solas en la soledad de esa habitación y con el sonido de los aparatos y aromas propios de un hospital, reflexioné profundamente sobre por qué yo había emigrado a los Estados Unidos y cómo todos los planes que yo tenía para mí no habían salido como yo pensaba. En mis reflexiones pude encontrarme con mi tristeza, con los anhelos incumplidos de mi corazón, y me daba cuenta de que había renunciado a lo que deseaba. Cuando salí de allí, lo tenía todo más claro. Entendía que necesitaba un cambio, pero desde mi interior, totalmente espiritual, y no para seguir exactamente aquello que un día anhelé.

Para aceptar el cambio hay que dar un paso, y hay que darlo hoy mismo. Pensé en aquello que quería cambiar y cuáles resultados daría a mi vida. Tuve que abandonar el miedo, porque primero, la decisión que había tomado no era la usual para una mujer católica como yo. Es tal vez lo que te puede ocurrir a ti, porque en este camino para descubrir tu Yo, único e irrepetible, tendrás que romper con muchas tradiciones y desapegarte de algunas creencias. Sigo siendo una mujer de fe y de principios profundamente católicos, pero ante este cambio, también me preguntaba a qué me estaba llamando la vida. De algo estaba segura, siempre lo vi de manera positiva.

A pesar de haber atravesado por momentos muy difíciles en mi niñez, siempre tuve curiosidad por todo lo relacionado al ser, a lo místico, y es lo que me ha traído hasta aquí. Luego de aquellos días en el hospital, tomé la decisión de hacer un programa de seis meses en la cadena montañosa Sangre de Cristo, en Colorado. El programa se llamaba "Meditating with the Body", y consistía en estar diez días en un retiro de silencio, más cinco meses de prácticas desde casa, culminando con otros diez días para cerrar la experiencia y la certificación. Les confieso que fue una de las experiencias más extraordinarias de mi vida.

Durante esos días, aprendí que el budismo ha descubierto en buena medida cuáles son las estructuras que determinan el dolor, el sufrimiento, la ansiedad, la insatisfacción y los conflictos cotidianos por los cuales transitamos. Así nos lo explicaba Reginald Ray, quien fue profesor de estudios budistas y de psicología budista y occidental en Naropa University, en Colorado, y creador de este programa.

Recuerdo la conversación sincera y valiente que tuve con el sacerdote del Opus Dei con el que hablaba y dirigía mi alma. Le decía que mi alma me llamaba a otras experiencias. Me mandó a leer el documento de la Iglesia sobre otras creencias espirituales y luego me puso en contacto con un sacerdote, el padre Francis Tiso, quien es un investigador del budismo, para que me aclarara en mi camino y yo pudiera encontrar mis propias respuestas.

La gratitud que siento hacia las enseñanzas budistas es profunda ya que ellas me ayudaron a profundizar en mi fe y a aplicar con verdadera consciencia mi práctica de oración y vida en Cristo. El budismo, si bien no cree en un Dios personal y se centra en la contemplación de la mente y el aprendizaje de la compasión hacia uno mismo y sus experiencias, me enseñó lo importante que es aprender a ser compasivo con uno mismo para poder ser compasivo con los demás. Compasiva hacia esta persona que soy y no otra. Hacia esta inteligencia que es mía y hacia este cuerpo con el que experimentaré la vida. Me ayudó a comprender profundamente la personalidad de Cristo y su mensaje de compasión y misericordia hacia los demás.

Despertar a la vida es despertar al amor, a nuestra esencia misma. Cuando despertamos al amor, nos iniciamos en el camino del desarrollo de la espiritualidad de nuestro Yo, único e irrepetible.

Dentro de mis prácticas espirituales están la oración, la meditación y la meditación centrada en la Sagrada Escritura o en un libro espiritual como es la vida de un santo como Santa Teresa de Calcuta, Edith Stein o San Francisco de Asís. Este fue mi camino, el tuyo será distinto, porque somos distintos. Cuando no somos compasivos con nuestras experiencias, cuando nos reprimimos, nuestro cuerpo colapsa.

Con la ayuda de todo esto yo desperté a mi Yo, único e irrepetible.

Despertar a la vida es despertar al amor, a nuestra esencia misma. Cuando despertamos al amor, nos iniciamos en el camino del desarrollo de la espiritualidad de nuestro Yo, único e irrepetible. Empezamos a refinarnos como seres humanos, vamos perdiendo las formas rudas, nos volvemos compasivos y la integridad pasa a ser un pilar fundamental que sostiene nuestra personalidad. Nuestro refinamiento espiritual debe llevarse a cabo con mucha delicadeza y precisión. Nos debemos tratar como cuando sostenemos a una mariposa entre las manos, con el equilibrio y cuidado correctos para no lastimarnos o morir.

TRES

Actuar con inteligencia y voluntad nos acerca a convertirnos en personas espirituales, y esto es lo que nos hace ser imagen y semejanza de Dios.

REPROGRAMACIÓN

¿Cómo vivirías si supieras que lo que pides te va a ser otorgado? ¿Qué pasaría en tu vida si decidieras utilizar todo el potencial divino del que tienes derecho innato? Recuerda que esa inteligencia divina y creativa es tu naturaleza, y está a tu servicio. Su mente es tu mente. Su voluntad es tu voluntad. Su consciencia es tu consciencia y su amor es tu amor. De manera que lo único que tienes que hacer para volverte como Dios en la tierra es creer que lo eres. Pero como eres persona y tienes cerebro, te enfrentas a la pregunta constante de por qué no logras ciertas cosas. Lo que tienes que hacer es reprogramar, recrear y reeducar tu cerebro. Esto se hace desde la mente, el cauce por donde va ese gran río de información fluido que nunca se detiene y del que vas decidiendo cuántos vasos de esa agua al día vas a utilizar para configurar la vida que deseas.

Y esa vida que deseas siempre pasa en el presente. Si más gente comprendiera esto, estaría concentrada en hacer un trabajo bien hecho ahora en vez de estar en ese estado híper vigilante o competitivo, juzgando a los demás. Vivir en el presente implica estar atento a tus propias emociones. Ellas te ayudan a tener un presente luminoso, o uno lleno de bruma y maleza.

"Esto tiene que ver con la encrucijada, el punto de cruce entre dos caminos, donde necesariamente hay que elegir uno para seguir caminando", me repite constantemente mi profesor de meditación cuando le planteo cualquier situación que esté viviendo y sobre la que necesito tomar alguna decisión. Ese consejo no es tan sencillo, porque luego viene la pregunta más importante: ¿Quieres elegir el que te lleva a ser una persona mentalmente sana o quieres elegir el del ego que te destruirá? Tomar una decisión es vivir en el presente y no quedarse de brazos cruzados.

Momento a momento eliges cómo pensar y esto crea inmediatamente un estado emocional que a su vez te lleva a la acción. Por ejemplo, refrenar o decir lo primero que se te venga a la mente. Levantarte de un brinco cuando suena la alarma o seguir durmiendo. Ir al gimnasio o inventar todo tipo de excusas para no hacerlo. Decir la verdad, ser íntegro o mentir. Lo que pasa es que la mentira es mentira. No hay mentiras piadosas, así como no hay verdades a medias.

La integridad —ser impecable con la palabra, hacer lo

que se dice que se va a hacer, no mentir— tiene más poder sobre la vida y la realización de sueños de lo que te imaginas. Todo ello es tocar el interior, vivir desde el interior donde están los ríos de agua viva. Pero para poder llegar a los ríos de agua viva hay que creer que se puede hacer. Ese creer se da en la mente, pero si el cerebro no ha sido programado para el servicio, para la verdad o para el esfuerzo, nos toca a nosotros tomar la decisión de hacerlo, sin importar la edad que se tenga en el momento de ese "darse cuenta" o despertar.

> *Meditar u orar es aprender a liberar la mente de la esclavitud del ego o del orgullo. […] Cuando esto pasa, la vida y las relaciones interpersonales se ven de una forma completamente diferente.*

Me he pasado miles de horas sentada en oración y en meditación desde hace más de veinticinco años. Muchas de esas horas me he preguntado si realmente estoy perdiendo el tiempo. ¿Por qué mi vida no es como yo la había planeado? ¿En qué me equivoqué? ¿Para qué hago realmente esto? Llegué a la conclusión de que lo he hecho porque he querido simplemente ser una mejor persona, superar la depresión, aprender a perdonarme y perdonar, aprender a soltar, pasar página y tener una mente sana. En mis momentos de soledad y de meditación fui conociendo mi potencial y comprendiendo el libreto de mi vida. Aprendí a amarme. Pude ver las diferentes escenas de mi vida y aquellas experiencias que me habían marcado o habían sido dolorosas para mí. Entonces empecé a sentir verdadera compasión por mí. Funcionó. Sentir gratitud por todo lo bueno y todo lo malo. Me observé y solté mi pasado. Salía de cárceles mentales que yo misma había construido. Aprendía una forma de vivir distinta, que es la que les recomiendo a todos. Debes asumir cien por ciento la responsabilidad de tu vida, de todo lo que pasa, de sus resultados, porque cuando llegamos a la edad adulta, la vida siempre está en nuestras manos.

Con un contentamiento que salía de mi interior hacia el exterior, me entregué a mi labor desde el sitio en el que me había puesto la vida. No desde Miami, Florida, como yo quería sino desde Austin, Texas. Comprendí que ahí había una necesidad y que era ahí que la vida me necesitaba. Entonces fui feliz y puedo decir que mis años de silencio en oración o meditación han valido la pena.

Meditar u orar es aprender a liberar la mente de la esclavitud del ego o del orgullo. También es aprender a abandonarse a la voluntad de Dios o del universo, para aquellos que creen y lo prefieren así. Cuando esto pasa, la vida y las relaciones interpersonales se ven de una forma completamente diferente. Aprendes a vivir como si estuvieras montado en un helicóptero, mirándolo todo desde arriba, teniendo una amplia visión de las cosas. No en soberbia, sino en humildad. No te quedas pegado a la tierra, con ojos desconfiados y egocentristas. Te levantas y te has superado. Fluyes, vuelas, danzas, vives y te olvidas de los resultados. Cuando esto pasa, liberas tu cuerpo de las cadenas del pasado. Volví a contemplar mi vida y su desarrollo y me di cuenta de que es única y que no la estaba atesorando y viviendo como debía. En ese momento, me concentré en cultivarla como hasta entonces no lo había hecho. Aprendí a vivir —y vivo— como si estuviera viviendo la vida que yo quiero, entregándome a los que amo y sirvo con mi trabajo y teniendo la convicción de que Dios ya ha concedido los deseos de mi corazón. De otra forma, no estarías leyendo este libro. Obtenemos lo que soñamos si creemos y no dudamos.

MARQUEMOS LA DIFERENCIA

Aún recuerdo el discurso que dio el doctor Joe Dispenza en una charla a la que asistí. Hablaba sobre la mente y de cómo actuar para ver un cambio en uno mismo. Insistió que cada uno tenemos que atrevernos a hacer algo fuera de lo común, fuera de lo que nos parece natural y cómodo. Que cuando sentimos miedo, ese es el momento de mostrar valor. Cuando los demás estén en descontrol, uno debe mostrar serenidad. Cuando otros muestren carencia, es el momento de dar. Cuando ellos juzguen, necesitamos mostrar compasión. Cuando traicionan, debemos seguir confiando. Y que, para cumplir con todo esto, es necesario ser sobrenatural. Como les contaba en el primer capítulo, la teoría de este doctor e investigador propone que la ciencia y la espiritualidad van de la mano, dándole un sentido distinto al despertar que estamos buscando.

Este es un gran momento en la historia, porque cada vez más personas como tú están despertando a esta realidad que los lleva a atreverse a obrar lo extraordinario.

Alcanzar dicho despertar puede ser difícil —porque es combatir al ego, nuestro mayor enemigo, para vivir desde el amor—, pero no es imposible. Esto nos lleva a practicar la oración o la meditación para conectarnos con el Yo, único e irrepetible que está en nuestro interior. Si sigues haciendo lo que siempre haces, nunca conocerás la fuerza sobrenatural que puede acompañarte cuando conectas o vives desde el Yo, único e irrepetible. Este es un gran momento en la historia, porque cada vez más personas como tú están despertando a esta realidad que los lleva a atreverse a obrar lo extraordinario. A creer, a mover montañas. Y todo esto desde la mente porque, como seres humanos, ahí comienza todo.

INTELIGENCIA Y VOLUNTAD

Para comenzar a hacer cosas más allá de lo natural o de lo normal, lo que nos llevará a ser seres más espirituales y extraordinarios, contamos con dos grandes aliadas: la inteligencia y la voluntad. Actuar con inteligencia y voluntad nos acerca a convertirnos en personas espirituales, y esto es lo que nos hace ser imagen y semejanza de Dios. Y cuando hablo de "imagen y semejanza", no me refiero a la forma. ¿Acaso alguien ha visto alguna vez a Dios y sabe cómo luce?

Les recuerdo que uno no tiene que pertenecer a una religión para profundizar en este aspecto de la metafísica y la ontología del hombre. Lo que ocurre es que imagen y semejanza no quieren decir forma, sino sustancia, esencia y potencia. Sabemos que la misma esencia de Dios (consciencia–energía) es el amor. Pero además de ello, es inteligencia y voluntad, atributos creativos que también son de Dios. Y porque tú y yo somos los más amados de su creación, somos acreedores de ellos, y estos son a la vez los dos poderes que nos destacan como seres humanos.

¿Cómo podemos utilizar estas dos características —o "poderes"— para reprogramar nuestro cerebro? Primero, entendiendo que es el mismo universo —o Dios— quien nos empodera desde el mismo instante en que llegamos a este mundo. También, sabiendo que somos neuronas, energía y vibración. Cuando estamos meditando, seguimos vibrando y hay belleza.

Segundo, es importante comprender que somos mucho más que nuestro cerebro. Si bien podemos condicionarnos, como los animales, también podemos reinventarnos, porque no nos quedamos a nivel biológico o emocional. Y aquí es donde entra el libre albedrío, otro poder inherente en ti y de la naturaleza espiritual. Cuando conoces cómo funciona tu cerebro, puedes magnificar todas tus habilidades por medio de cambios permanentes que te llenarán de plenitud como persona. Pero para ello, tienes que actuar con inteligencia y con voluntad, de manera consciente.

RESISTENCIA AL CAMBIO

¿Te has preguntado alguna vez por qué nos cuesta tanto cambiar? Pues, en realidad, nadie tendría que cambiar, en el sentido de funcionamiento humano, si cada persona recibiera una educación orientada hacia el desarrollo del potencial cerebral pues el pensamiento, los hábitos, las conductas y las creencias se almacenan, se activan y se condicionan en el cerebro. Por ello, la primera infancia es tan importante, y llegada la edad adulta allí radica la importancia de conocer nuestro cerebro.

Al cerebro no le gusta el cambio porque ha vivido condicionado a creencias que no nos sirven.

¿Por qué no le gusta el cambio al cerebro adulto? Al cerebro no le gusta el cambio porque ha vivido condicionado a creencias que no nos sirven. Lo importante es saber que si aprendemos algunas estrategias, podemos reprogramarlo y vivir una vida profunda y plena.

La frase que estaba inscrita en el pórtico del templo de Apolo en Delfos, "Conócete a ti mismo", se ha ganado la atención de todos los pensadores, buscadores y filósofos, porque encierra en unas pocas palabras un significado que trasciende el tiempo. En nuestros tiempos, yo diría: "Conoce tu cerebro y conocerás el universo". El universo es tu cerebro, está en tu cerebro, funciona desde tu cerebro. Por eso tú y el universo son uno. Por eso tú eres Dios en la tierra. Así como lo lees. Así de espectacular es. ¿Qué estás esperando para manifestar ese poder? ¿Qué esperas para hacer de ti el ser humano que quieres ser? ¿Qué estás esperando para crear y embellecer más este planeta antes de regresar a tu origen?

Desde que nacemos entramos en un proceso de conocernos a nosotros mismos que nunca termina. En nuestro cerebro son colocados principios, valores, creencias, hábitos y virtudes con los que debemos vivir, pero que se pueden cambiar. Por eso, quiero compartir contigo siete principios de mi Método único e irrepetible, que se pueden transformar en nuevas creencias para transformar tu vida.

▶ **Primer principio:** *Soy espiritual.* Es ser consciente de que la forma de tu cuerpo no es lo que te define, sino tu esencia espiritual. El primer principio para ser único e irrepetible es darte cuenta de que no son ni tu cuerpo ni tu sexo, ni tu nivel social o tu nivel académico los que te definirán como persona única e irrepetible, sino que la manifestación de tu verdadero Yo es la que tiene que ver con tu espiritualidad. Eso ocurre cuando tu inteligencia y tu voluntad se despiertan a las realidades más profundas de la existencia. Somos el SER y el tiempo, no somos el SER y las cosas. Por ello, entre más pronto nos conectemos con la realidad del SER que somos —entes espirituales que pueden conocer aquí mismo la dicha y la felicidad—, dejaremos de concentrarnos neuróticamente en obtener cosas y viviremos más SIENDO que haciendo. Tranquilos, serenos, sirviendo, viviendo y conociendo sobre todo la paz.

▶ **Segundo principio:** *Soy próspero.* Esta es una ley universal, una ley de Dios. Piensa en lo hermosa que es la palabra "prosperidad". Imagina en este momento cómo sería tu vida si creyeras profundamente en que ser próspero es un derecho divino que tienes. Dios es el dueño de todo lo creado. El universo es rico en planetas, estrellas, galaxias, constelaciones. Está tapizado con interminables calles y huecos de oro. Trabaja por todo aquello que quieres con la seguridad de que dará frutos. Suelta la preocupación y las expectativas. Cree. Sirve. Trabaja. Sé íntegro. Confía en que nadie quiere aprovecharse de ti y, si lo hacen, sigue confiando, sigue adelante. Vive como la persona próspera y abundante que ya eres. Recuerda que tu experiencia es única. Esto quiere decir que desde el momento en que eres inteligencia divina en la tierra, con voluntad, vas a lograr lo que te propones.

▶ **Tercer principio:** *Creo mi propia realidad.* Mis pensamientos se vuelven cosas. Tú creas tu universo. Somos sembradores de pensamientos. Cada semilla que sembramos va a florecer porque es una ley de la naturaleza. Por lo mismo es tan importante que aprendas a observar tu mente. En tan solo dos minutos de meditación se puede descubrir la calidad de vida mental que tenemos. Si tus pensamientos siempre son de integridad, buena voluntad, unión y cooperación, todo ello se verá reflejado en tu diario vivir. Recuerda que pensar es utilizar la energía, y la energía tiene fuerza. ¿Acaso quieres utilizar la tuya para pensar negativamente y con derrota? Estoy segura de que no. ¡Aplauso redondo por favor!

▶ **Cuarto principio:** *Nadie quiere hacerme daño.* Deja de crear enemigos por todos lados. Ten a la mano un matapiojos y sácatelos. Todos hacen lo mejor que pueden. Te lo aseguro. Es cierto que tendremos experiencias de todo tipo con infinidad de personas. Solo hay que recordar que vivimos en un territorio compartido donde hay gente consciente y gente inconsciente. Por esto, muchas veces nos llenamos de piojos con suma facilidad. Yo solía llenarme de ellos a cada rato, y no fue hasta que desperté por quinta vez que lo comprendí. Al ser una persona despierta, consciente, puedes elegir tus respuestas y escoger el estado de ánimo y las actitudes que asumirás ante las acciones de otros. A ellos no los puedes controlar ni espulgarlos para sacarles los piojos, pero a ti y tus respuestas sí. Elige siempre eliminar los piojos maliciosos y negativos de tus pensamientos con tu matapiojos, y descarta cualquier incomodidad o sufrimiento que otro te haya causado. Esta es una habilidad que puede aprenderse. Es ejercer la voluntad de poder.

▶ **Quinto principio:** *Soy un ser agradecido.* Tengo a mi lado mi diario de gratitud. Parecería que actualmente la gratitud está de moda. Pues que no pase esta moda, porque la mayoría de las personas tendemos a fijarnos en lo que nos falta, pasando por alto que ya somos abundantes. La neurociencia ha comprobado que el agradecimiento es la energía o la vibración más alta que puede tener un ser humano. Esto no es magia, ni superstición o esoterismo. Esto es algo real y que aleja a quien practica el agradecimiento del estado de queja o victimismo que tanto aqueja a muchos. Hay que agradecerlo todo, incluyendo lo que es incómodo. Dar gracias por la crisis, la prueba y el dolor. ¿Por todo eso? Sí, porque cuando lo haces, liberas una gran cantidad de neurotransmisores que sanan todo tu cuerpo, y esto te da alegría y paz. Como resultado, aprendes a vivir contento. ¿Cuándo comienzas tu diario de gratitud?

► **Sexto principio:** *Para ser feliz, necesito perdonar.* Esta es la prueba más difícil para el ser humano dormido. No tiene la capacidad de perdonar porque vive regido por el ego. El ego siempre engaña y dice: "Pero, ¿por qué vas a dar otra oportunidad, viendo cómo te han tratado? Pero, ¿por qué lo vas a perdonar, si no tenía ningún derecho de hacerte lo que te hizo?". Una cadena de "peros" interminable.

Quizá una persona que no puede perdonar todavía no se ha perdonado a sí misma. Quien no es capaz de perdonarse a sí mismo por faltas cometidas no podrá perdonar nunca a los demás y se condena a sí mismo a ser infeliz, pues va en contra de su propia esencia que es el amor. Cuando alguien es capaz y decide perdonarse a sí mismo, le da la oportunidad a todo su sistema nervioso de relajarse. El cuerpo sutil es abonado y revitalizado por una gracia sobrenatural y abundante; tan abundante que parece que se ha vuelto a nacer. No estamos hechos para sentir rencor, pues cada uno tiene el linaje de los hijos de Dios o del universo. En la naturaleza de Dios, el rencor no existe, porque Dios es amor.

▶ **Séptimo principio:** *Sólo el amor es el camino.* Sin duda alguna, para los seres humanos amar es lo esencial.

El gran poeta Rumi escribió: "Mi religión es el amor. Cada corazón es mi templo". Comprender que hay una religión que practicamos todos los seres humanos que se llama amor, es derribar muros, fluir en las relaciones y alejarse de prejuicios. Es el amor, su energía, su fuerza vibratoria, su imperativa esencia lo que nos hace capaces de enamorarnos o de volver a dar oportunidades a alguien que quizá no se ha portado bien. Vivir en el amor conscientemente ayuda a ser gentiles en las relaciones con los otros. El amor no maltrata.

QUE TU CONSCIENCIA SE RIJA POR TUS VALORES

Más allá de las creencias, cada persona, independientemente de su raza, sexo, edad y educación, vive bajo un conjunto de valores que van desde los más importantes hasta los menos importantes. A este conjunto de valores se los suele llamar "jerarquía de valores" o "estructura de valores". Son perspectivas profundamente arraigadas acerca de aquello que es importante para nosotros. Los valores son el poder más enorme que una persona tiene, lo sepa o no. Son el semáforo para el camino del Yo, único e irrepetible. Todos necesitamos el rojo para detenernos, el amarillo para bajar la velocidad y el verde para transitar con libertad.

Los valores nos humanizan y nos convierten en
seres extraordinarios.

La honestidad, la sensibilidad, la gratitud, la laboriosidad, la compasión o la prudencia son solo algunos de ellos. Comprenderlos, identificarlos o aplicarlos en nuestro diario vivir nos lleva a las más altas esferas del rendimiento humano. Por ello, reconocer cuáles son los valores que nos gobiernan es requisito para vivir plenamente. Una vez reconocidos, la persona no se verá motivada por lo externo, ni por lo pasajero, pues tendrá claro lo que quiere o no quiere para su vida. Los valores son algo connatural, propio o inherente a uno mismo. Por ello, penetran y determinan la consciencia desde la cual se tomarán las decisiones y se actuará en el mundo. Los valores le dan sentido y dirección a la vida, una sensación de plenitud y contentamiento sin igual. Y es que tú y yo, más que placer, dinero, popularidad o comida, lo que buscamos es el sentido de nuestra vida y llevar una vida limpia, es decir, una vida libre de actos que destacan la bondad natural que existe en el ser humano. Es evitar elegir acciones que puedan hacerme daño y hacer daño a otros. Es convertirse en un modelo de virtudes humanas para iluminar la sociedad y poder tener una experiencia profunda de la felicidad. Los valores nos humanizan y nos convierten en seres extraordinarios. Así que, cuando una persona ha encontrado lo que la motiva, la impulsa o la mueve, debe vivir desde ahí, congruentemente, regida por sus valores. Entonces, cada vez que una persona viva así, desde esa congruencia que le dan sus valores, recibirá mayor satisfacción e inspiración. Su vida tendrá más significado al tiempo que aprende a ser objetiva e imparcial, porque no es dirigida por las emociones o ambiciones, sino por los valores. Cuando establezca una meta u objetivo y se lance a la construcción de un sueño, estará más alineada que nunca.

VALORES POR EXCELENCIA

¿Puedes identificar los valores más importantes o los más conocidos? A veces es difícil nombrarlos, pero una vez que los conozcas, te darás cuenta de que algunos ya rigen tu vida. Algunos de ellos ya los mencioné —la honestidad, la sensibilidad, la gratitud, la prudencia—, pero existen muchos más. Antes de continuar, quiero enumerarte otros: la humildad, el respeto, la responsabilidad, la justicia, la valentía, la tolerancia, la equidad, la libertad, la solidaridad, la paz y el amor. Los valores impulsan y promueven la unidad entre las personas. La razón por la cual el mundo carece de unidad es porque el hombre está en desunión consigo mismo.

¿Puedes identificar los valores más importantes o los más conocidos? A veces es difícil nombrarlos, pero una vez que los conozcas, te darás cuenta de que algunos ya rigen tu vida.

CONFÍA EN LA VOZ DE TU CONSCIENCIA

Vivimos en un mundo fuera de balance. La estabilidad viene del ser humano. Si cada uno hace uso de su consciencia revisando lo que nos sostiene como humanos, se podrá dar cuenta de que para tener una presencia auténtica hay que elegir una forma de vivir y de ser congruentes, especialmente si se piensa en que cada acción de uno afecta al otro. Cuando hacemos uso de la voz de nuestra consciencia y estamos dispuestos a escucharla, nos podremos dar cuenta de que esta siempre invita a hacer el bien.

El bien es lo que brinda felicidad y llena a uno de poder personal, y ese poder personal sólo puede venir de una disciplina práctica: la de los valores. Los valores no solo nos ayudan a tener una vida productiva sino también una vida inspirada, iluminada y plena.

Recuerda que un despertar no estará completo o no será verdadero si no hay una transformación de la mente y del corazón. Cuando somos testigos de un verdadero despertar, las prioridades cambian, y eso incluye nuestros valores, nuestras creencias. Desde la inteligencia y con voluntad, nuestra alma comienza a dirigir esta nueva vida del Yo, único e irrepetible. En la página 128, encontrarás el Ejercicio 6, un formulario de autoevaluación para identificar tus valores y comenzar tu transformación.

ENTREVISTA A UNA MUJER ÚNICA E IRREPETIBLE

Gaby Natale, ganadora de varios premios Emmy

Cuando conocí a Gaby Natale, galardonada con varios premios Emmy, inmediatamente pude ver su nobleza y su profundidad personal y profesional. Desde ese momento, quise que me acompañara en esta aventura de escribir mi libro y, gracias a Dios, aceptó esta invitación. Me dio tanta felicidad. Gaby es una periodista, productora y conductora del programa *Super Latina* a través de la plataforma de YouTube y escritora argentina, con una esencia única e irrepetible. Desde que lanzó su libro *El círculo virtuoso*, "escrito para los soñadores, para los rebeldes de corazón", su carrera ha tomado un giro increíble. Ahora, luego de haber roto con muchos temores, se ha convertido en una nueva mujer. Eso sí, sigue siendo, como muy bien ella dice, "una loca soñadora".

"Tu mensaje, Sheila, es muy lindo y muy necesario. Yo estoy en una industria en la que precisamente todo el mundo quiere que uno borre lo que lo hace único e irrepetible. Las opiniones, las formas de hablar, la edad, la talla, todo lo que te hace único e irrepetible está mal en esta industria, entonces me encanta este mensaje", me comentó Gaby, antes de la entrevista, donde nos cuenta cómo llegó a ser una mujer única e irrepetible.

Sheila (S): Gaby, gracias por esta oportunidad. Te felicito por todo el éxito alcanzado con tu libro *El círculo virtuoso*. ¿Cómo comenzó toda esta aventura y cómo te sientes? ¿Sacas alguna enseñanza de esto?

Gaby (G): Yo creo que todo tiene una raíz en romper con los miedos. A veces nos da miedo enfrentarnos a los desafíos que son nuevos. En mi caso, la oportunidad de escribir el libro llegó justo cuando yo pude derribar mis propios prejuicios, mis propios miedos, y me animé a subirme a un escenario a contar mi historia personal. Como periodista, estoy acostumbrada a subirme en un escenario para ser la anfitriona de un evento o a estar frente a una cámara para hacer alguna entrevista, pero no a ser yo la protagonista de la historia. Para mí fue romper al principio un prejuicio personal. ¿Me escucharán? ¿Tengo algo interesante para decir? ¿Quién me creo yo que soy para hacer esto ahora, para contar una historia? Rompí ese prejuicio y me invitaron hace dos años a contar mi historia en la tarima de una conferencia para mujeres emprendedoras que se llama "We All Grow". Lo dije todo, partes vulnerables de mi vida, desde que estuve desempleada, deprimida, que me faltaron muchas oportunidades al principio. Yo, cuando me bajé de ese escenario, ya sentí que era un triunfo, porque había superado un miedo. El miedo de contar en público mis momentos íntimos.

Yo no sabía que ese acto de valentía venía con un bono. Ese día, en la audiencia, había una agente literaria, Aleyso

Bridger, a quien le gustó mi historia y me preguntó si yo tenía una idea para un libro. Ya yo tenía una idea para un libro, solamente me faltaba conocer a la persona que me abriera esa puerta, porque ya yo lo tenía todo armado. Y así es como surge *El círculo virtuoso*. Y creo que ahí está la enseñanza, que a veces uno tiene que darse permiso de hacer algo nuevo. Quizá no me salga perfecto, lo único que yo quiero ser es honesta, no hace falta ser perfecta. Y cuando me saqué de la cabeza ese mandato, esa presión de exigirme que todo tenía que salir perfecto, fue cuando ocurrió la magia. A veces la autoexigencia mata a la magia.

S: ¿Cuáles son algunas palabras que usas para describirte a ti misma?

G: Yo creo que soy soñadora, muy soñadora. Soy muy perseverante también, y creo que soy honesta, con quien soy, con mis sentimientos. Creo que esas tres pueden ser buenas palabras para definirme.

S: ¿Qué palabras usan otras personas para describirte?

G: Bueno, la gente que me sigue por el libro o que sigue mi trabajo, muchas veces me dice que soy inspiradora. Después, si hablamos de colegas, por ahí les llama la atención —como hice una carrera independiente y no lo hice con una gran compañía que me respalde— que soy una mujer muy trabajadora porque todo lo hice de manera independiente. Y si le preguntas a mi marido, la palabra que utilizaría para describirme sería "intensa", porque es la persona que tiene que trabajar y vivir conmigo. Que a veces quiere decir algo malo y a veces quiere decir algo bueno. La usa bastante seguido.

S: Si fueras a darme tres talentos —y cómo los utilizas— que te hacen única e irrepetible, ¿cuáles serían?

G: Bueno, hay un talento que yo tengo que está buenísimo. Es algo así como un *súper poder*, me pasa muchísimo. Soy muy buena para identificar el talento en bruto de otra gente, cuando alguien está comenzado en su carrera, que todavía no está pulido, lo puedo identificar. Me pasa hasta en las películas. Por ahí veo un actor que aparece un segundo, pero que me llama la atención y ese mismo actor, pasan tres o cinco años, se convierte en una gran estrella. Es algo intuitivo. Me viene bien para todo, para lo personal y lo profesional.

S: Eso, sin duda, es parte de tu esencia única e irrepetible. Cuando me dices no sé qué es, eso es lo único e irrepetible.

G: Otra de las cosas que yo veo en mí que me hace única e irrepetible es algo que hace que la gente se sienta cómoda para decirme cosas personales o confesarme sus secretos. Me pasa con familiares o amigos, que me cuentan cosas muy íntimas, de sus miedos, de sus pasados, de sus secretos. Pero también cuando hago entrevistas. Yo la verdad lo tomo como un tesoro, porque es algo muy delicado y muy sagrado que cada uno se anime a contarme algo que lo avergüenza o animarse a decirme algo que nunca dijo antes en público. Es un honor.

S: ¿Y cuál sería el tercero?

G: Y el tercero es que soy muy apasionada. Creo que cuando uno es más apasionado y deja que el entusiasmo sea su brújula, es más difícil desanimarse, cansarse. Si te caes te vuelves a levantar, si tienes un mal día pues no es que no te lo vas a permitir, somos humanos, pero al tener uno esa pasión por algo, vas dejándote llevar por ese camino. Y eso creo que es algo que me define bastante, soy muy apasionada con las cosas que me gusta hacer.

S: Profesionalmente, ¿en qué eres mejor, que nadie lo sepa?

G: Hablando justamente de único e irrepetible, yo creo que en lo único que uno puede ser mejor que otro es en ser más de uno mismo. Nadie puede ser mejor Gaby Natale que Gaby Natale. Nadie puede ser mejor Sheila Morataya que Sheila Morataya. Reconocer que uno es único e irrepetible fue una de las razones que me llevó a desarrollarme de manera independiente, porque a veces sentía, sobre todo en el principio de mi carrera, que querían lo opuesto de ser única e irrepetible. Querían gente en serie, más o menos lo mismo. Eso, por un lado, la industria te presiona a que todo el mundo debe ser igual. Hay otra cosa más en la que me sirve mucho eso de aceptar, reconocer y estar contento de que uno es único e irrepetible, y es mi trabajo. Es estar todo el tiempo en contacto con gente que realmente es fascinante. Hay que reconocer que cada uno es bello, es valioso, único e irrepetible a su manera, porque si no, uno va a vivir siempre en conflicto.

S: Desde eso que me dices, ¿qué has hecho para ser la mejor Gaby Natale?

G: Yo creo que lo que yo he hecho para ser, hasta el día de hoy, la mejor versión posible de mí misma, es estar conectada con mis propios sentimientos, con mis propias ilusiones, incluso con mis propias frustraciones. Es también estar en contacto con esos sentimientos que a veces queremos silenciar porque son dolorosos o porque son los que nos llevarían a un cambio importante pero incómodo, como cambiar de pareja, de trabajo, de ciudad, de malos hábitos. Sabemos que tenemos que hacer cambios para mejorar, pero preferimos ignorarlo. Recuerdo algo que una vez dijo Mahatma Gandhi que a mí me encanta: "La felicidad se alcanza cuando lo que uno piensa, lo que uno dice y lo que uno hace están en armonía".

S: Esto me lleva a enfocarme en la frase "Yo soy única e irrepetible". ¿Qué piensas, qué te evoca esa frase?

G: Ser auténtica. Una persona puede pasar toda su vida queriendo imitar, parecerse a otra, pero no lo va a lograr. Ni el mejor imitador de Elvis Presley en Las Vegas es Elvis Presley. Aunque le dedique toda su vida, nunca lo será. Entonces, podemos tomar esa frase de "Yo soy único e irrepetible" como una liberación o como una condena. Yo elijo tomarlo como una liberación y como una gran libertad. Uno tiene que ser lo mejor que pueda ser de su propia versión.

S: ¿Qué es único e irrepetible de tu personalidad?
G: Me gusta lo genuino.

S: ¿Cómo es la esencia de ser única e irrepetible, desde la perspectiva de esposa?
G: Yo creo que esa esencia única e irrepetible siendo esposa tiene que ver con crear un vínculo con la persona que tú amas. Y ese vínculo en mi caso también es único e irrepetible. Mi marido y yo hemos hecho las cosas de una manera única e irrepetible, a nuestra manera, y nos ha funcionado muy bien. Llevamos diecisiete años juntos y hemos establecido nuestra propia manera de tener un vínculo único e irrepetible. En medio de todo eso, hemos llegado a vivir nuestro amor a la distancia. Nos casamos de una manera única e irrepetible, en una ceremonia de tres minutos en un ayuntamiento, todo muy casual, que parecía para los demás una locura. Único e irrepetible ha sido también estar viviendo en tantos países juntos. Único e irrepetible es haber tenido tantos años de trabajar juntos; es crear nuestro *show* juntos; también es no haber tenido hijos aún. Es no dejarse caer en los clichés de lo que tiene que ser una pareja, de lo que tiene que ser un matrimonio sino, cada uno, inventar su propia fórmula que le sirva.

S: ¿Cuál es un sueño que has logrado y del que te sientes orgullosa?

G: Me siento orgullosa de haber podido salir adelante, llegando a un nuevo país con dos maletas, sin palancas, y quince años más tarde poder vivir, trabajar y soñar de lo que más me gusta a mí, que es dedicarme a crear contenido y no solo eso, sino haber creado un *show* de televisión que comenzó en un pueblo bien pequeño, en un depósito de alfombras donde yo misma pinté mi escenografía con mis propias manos y que años más tarde ese *show* se haya vuelto nacional y haya ganado tres premios Emmy. Me siento orgullosa de haber entendido que hay que confiar en el talento de uno y en el trabajo. Ese es un sueño cumplido que me hace muy feliz.

S: ¿Tienes algún soñador o visionario a quien admires?

G: Yo soy súper devota, seguidora de la obra de Wayne Dyer. Lo sigo de toda la vida. El primer libro que leí de él fue *Tus zonas erróneas*, a los dieciséis años. Él es la persona que nunca conocí cara a cara que más lloré cuando murió, porque es como si se hubiera muerto un amigo. Cuando tengo un mal día, lo abro y es un mensaje que te alivia el dolor, que fortalece tu esperanza, que da ánimo y que está ahí para ti. Y aunque él no esté físicamente en este mundo, con su obra nos acompaña.

S: Creo que ya sé cuál sería tu respuesta a la siguiente pregunta, pero me gustaría que me dijeras en tus palabras. ¿Qué hacía a Wayne Dyer, único e irrepetible?

G: Su mensaje de amor y de inspiración. Su mensaje espiritual.

S: ¿Cuál es el mejor mensaje o consejo espiritual que te han dado?

G: El mejor consejo espiritual que me han dado está en uno de sus libros y es el título de uno de sus libros: *You'll See It When You Believe It* (en español, *La fuerza de creer*). Es lo opuesto de ver para creer. Es al revés, hay que creer primero y luego lo verás.

S: Gaby, ¿de qué está necesitado el mundo?

G: De conexión. Necesitamos desarrollar cada vez más conexión a nivel colectivo. La capacidad de vernos y de reconocer en el otro lo que nos une, no tanto lo que nos separa. Creo que lo que más nos desconecta es que en vez de mirar al otro por su humanidad que es lo que nos une, estamos viendo si tiene otro color de piel, si ora de manera diferente a nosotros o a otro dios, o incluso si no cree en dios o si ama de una manera diferente a la que amamos nosotros. Creo que conexión es lo que está necesitando el mundo, reconocer en el otro su humanidad para sentirnos conectados.

S: Quiero, antes de terminar, que repitas esto: Yo, Gabriela Natale, soy única e irrepetible, porque...

G: Yo, Gabriela Natale, soy única e irrepetible porque soy una loca soñadora.

S: Aplauso redondo.

AHORA TE TOCA A TI

1. Descríbete en tres palabras.
2. Escribe tres palabras que usan otros para describirte.
3. Escribe tres talentos que te hacen único e irrepetible y cómo los usas.
4. Escribe en qué eres mejor profesionalmente, eso que sólo tú sabes.
5. ¿Qué has hecho hasta hoy para ser la mejor versión de ti mismo?
6. ¿Qué te evoca la frase "Yo soy único e irrepetible"? No lo pienses tanto. Escribe lo primero que venga a tu mente.
7. ¿Qué es lo único e irrepetible de tu personalidad?
8. ¿Cuál es el mejor consejo espiritual que te han dado?
9. Ahora completa la frase: Yo, _____ (nombre), soy único e irrepetible porque _____.

CUATRO

Con este proceso quiero que aprendas, sobre todo,
a amarte. Amarte en tu cuerpo, en tu inteligencia,
en tu personalidad, en tu espíritu.

Este método les pertenece a todos aquellos que, debido a las duras experiencias de cada cual, su Yo, único e irrepetible, ha quedado enterrado en el sótano de la indiferencia o de la desilusión. "Soy uno más", dice. "No soy nadie", insiste. "No nací para amar, nadie nació para mí". "El éxito no es para mí". "Dios no tenía un plan perfecto para mí". Pues, ¿sabes qué? Todo eso es mentira. La mentira que el mundo te hace creer.

Con este proceso quiero que aprendas, sobre todo, a amarte. Amarte en tu cuerpo, en tu inteligencia, en tu personalidad, en tu espíritu. Ya seas un gran ejecutivo, una brillante ingeniera de la NASA, un conductor de camiones, un escritor, una actriz, una costurera, un contador, una gran empresaria, una diseñadora, un experto en mercadeo, una modelo profesional, un vendedor de autos, una asistente de médico —sea lo que seas— no eres nada de eso. Esas son las etiquetas del mundo que te hacen creer que vales por lo que llegas a hacer o por lo que puedes acumular. Esto no es verdad. Esto es lo que cree el mundo y creer esto es renunciar a tu Yo.

El peor cáncer de nuestra sociedad es la falta de amor por uno mismo. Es la gran epidemia que minimiza a cada uno. Es lo que lo empequeñece y que lo deja encadenado al "yo no soy especial", "yo no soy escogido", "yo no tengo talento", "yo no soy inteligente", "yo no soy suficientemente bonita", "yo no soy suficiente…". Esa no es la realidad. Cuando tú te crees estas mentiras, estás mostrando falta de amor por ti mismo. Recuerda: tú eres noble, digno, capaz, importante y necesario en el mundo, porque eres amor. En lo profundo de cada uno, sabemos que el amor es la esencia necesaria para una vida plena. Un ser humano creado para un gran propósito y para embellecer aspectos de la sociedad que solo pueden ser embellecidos, iluminados o transformados por ti. Comprende que eres único e irrepetible y te tienes a ti mismo. Eso basta y sobra para ser feliz, y para alcanzar lo que quieres.

He desarrollado cuatro pasos básicos que te ayudarán a reencontrarte con tu ser y así abrir espacio a descubrir tu Yo, único e irrepetible. Al final de este libro, como parte de este proceso, he compartido una serie de ejercicios que te ayudarán a fortalecer tu esencia porque te ayudarán a descubrir que dentro de ti está todo lo que buscas. El amor, como hemos presentado antes, es clave para todo y el miedo no debe tener espacio en nuestro corazón.

PASO 1: Reconocimiento—Reconocer mis facciones y mi cuerpo frente al espejo

Con el encuentro frente al espejo quiero que veas que eres esencialmente bueno, perfecto. Trabajaremos desde el cuerpo porque con él vas a conquistar la vida. Al cuerpo lo hemos visto ya, es el vehículo de la consciencia, lo que le da forma a tu alma, su castillo, tu más preciada posesión. Por ello, con este método corregirás tu postura y tu forma de caminar, y sentirás tu cuerpo. Para mí, resulta asombroso que al terminar de escribir estas líneas pude ver la película *A Wrinkle in Time*, protagonizada por Oprah Winfrey, Reese Witherspoon y Mindy Kaling. En una de las escenas cuando se encuentran con "Happy Medium" (Zach Galifianakis), este dirige a los niños hacia el restablecimiento de su postura. Algunos pensarán que es una sesión de yoga pero, desde mi punto de vista, es como dijo "Happy Medium": "¡Oye, si quieres lograr encontrar a tu padre, debes asumir una postura de guerrero, endereza los hombros, hazte consciente de tu columna y ahora ve! ¡Encuentra a tu padre!".

Autodescubrimiento

Ahora vas a iniciar el apasionante viaje de autodescubrimiento de tu ser físico que ningún programa de *coaching* ofrece hasta hoy en el mundo. Digo esto con convicción porque así es. Parte del objetivo de este libro es despertar a la consciencia delante del espejo a un nivel de conocimiento propio y transformación en nuestras vidas.

► Siéntate en una silla frente al espejo. Deber ser un espejo en el que puedas ver tu cuerpo completo.

► Lo ideal es que te quedes con ropa interior, un traje de baño o al natural.

► Coloca la silla tan cerca del espejo como puedas. Asegúrate de mantener la perfección en la postura estando sentado. Esto es, hombros alineados, cabeza descansando sobre los hombros, mirada fija en el horizonte y la columna vertebral recta. Tus pies deben estar firmes en la tierra, tus manos sobre tu regazo.

► Ahora vas a iniciar una forma de meditación que muy pocos hacen a lo largo de su vida para encontrarte contigo mismo de una manera única y asombrosa. Mírate en el espejo. Ahora, olvídate de quién eres a nivel de los parámetros del mundo. En este momento de intimidad contigo mismo, no importa quién seas. Recuerda, tú no eres tu título, tu nivel ejecutivo, tu fama ni tu riqueza. No eres lo que has logrado; aunque esto es importante, no eres tus logros. Más allá de todo ello, eres alguien que ama y merece ser amado, tú eres único e irrepetible. Debido a tu estructura biológica personal, tienes un ADN en tus células exclusivo, irrepetible y un cerebro que guarda memorias y creencias tanto agradables como desagradables. Un alma, que, si lo crees, nunca morirá pues es eterna.

Observa con detenimiento tu ser

Hasta hoy, has tenido un conjunto de experiencias que te han configurado, definido y formado, por lo que te hacen único. Si las sabes aprovechar, te llevarán a lugares insospechados de la existencia humana. Estas experiencias son la materia prima de tu personalidad, de tu forma de pensar, sentir y amar, así como de tu forma de responder al sufrimiento, al dolor y a la traición de otros.

- ▶ Mírate en el espejo. Observa con detenimiento tu propia belleza y físico como nunca lo has hecho antes. Frente al espejo no solo ves tu físico reflejado, sino que estás conociendo cómo es tu alma.

- ▶ Utiliza el espejo para asomarte a tu historia y comprenderla. La historia de tu vida habla a través de tu cuerpo. Tu cuerpo tiene memoria y es la manifestación de miles y miles de años de evolución. Pero también, tu cuerpo ha adquirido la forma de tus cuidados o falta de ellos, de la consciencia que tengas de estar vivo y en este plano de la existencia humana.

- ▶ Observa que tu cuerpo es realmente el castillo del alma. En esa alma hay muchas habitaciones y moradas especiales a las que sólo tú y Dios pueden acceder. Si logras únicamente comprender esto al leer este libro, mi propósito habrá sido alcanzado.

Que tu propia voz te guíe

Ahora vamos a ejecutar el ejercicio. Si es posible, graba lo que leerás a continuación para escucharlo y poder concentrarte en vivir la experiencia sin tener que detenerte a leer.

- ▶ Toma conciencia de tu trasero firme sobre la silla, tus pies anclados en la tierra, los hombros alineados, tu cabeza descansando sobre los hombros, tu mirada fija en el horizonte y la columna vertebral recta.

- ▶ Recorre rápidamente tu cuerpo en este instante, desde los pies hasta la cabeza, y fija tus ojos de nuevo en el espejo. Eres un milagro del amor creativo y la evolución. Tu cuerpo es precioso, noble, digno, deslumbrante y extraordinario. Tu cuerpo es el contenedor de tu consciencia, de tu inteligencia, de tus talentos, de tus sueños, de tu creatividad y de tu amor. Mírate a partir de este momento con mucha ternura, asombro y agradecimiento.

- ▶ Concéntrate en tu respiración mientras mantienes la mirada recorriendo tu rostro y tu cuerpo. Respira de forma natural y sin reprimir la respiración misma. Concéntrate en este instante, el único que tienes y que existe. Enfócate en ti plenamente. Si algún pensamiento aparece, obsérvalo como quién ve pasar una nube y vuelve a concentrarte en tu respiración y en recorrer tu cuerpo.

- ▶ Ahora escucha: ¿Qué estás descubriendo? ¿Qué sientes? ¿Cómo te sientes? (*Detén la grabación y dedica unos minutos a responder estas preguntas. Cuando hayas terminado vuelve a escuchar la grabación*).

- ▶ Dedica dos minutos a observar los pensamientos

automáticos que llegan a tu mente. Responde rápidamente a estas preguntas de forma mental.

▷ ¿Cuál es la primera impresión que tienes al mirarte?

▷ ¿Qué te dices positivamente? ("Soy tan bonita/ guapo", "Tengo los mejores músculos", "¡Me encanta verme en el espejo!").

▷ ¿Qué pensamientos negativos llegan? ("Estoy demasiado gordo/a", "Mis caderas son demasiado grandes", "No me gustan mis dientes", "Si pudiera cambiar mi nariz").

▶ Observa los cambios que algunos hábitos —como la práctica de un deporte, el esfuerzo físico, el ejercicio o comer demasiado— han producido en tu cuerpo. ¿Qué te revelan de los cuidados hacia tu castillo del alma? ¿De qué te sientes orgulloso? ¿De qué no?

▶ Observa el efecto de la edad en tu cuerpo.

▶ Mírate, aunque te sientas incómodo. Presta atención a las emociones que se te presentan relacionadas con tus pensamientos. ¿Qué observas aquí entre tus juicios y el estado de tu cuerpo? (*Vuelve a parar la grabación y comienza a escribir todo lo que puedas, utilizando la siguiente frase: "Querido cuerpo, durante todos estos años…". Cuando hayas terminado de escribir, sigue con el ejercicio*).

▶ Ahora concéntrate en tu rostro. Mira tu cabeza y la línea que divide el cuero cabelludo con el inicio del rostro.

▶ Mira el nacimiento de tu cabello, tu frente, tus cejas;

la forma y el color de tus ojos y tus pestañas. Observa tu nariz, tus pómulos, tus labios, tú barbilla.

► Ahora observa todo el conjunto de tu rostro. Mírate, estás encontrándote frente al espejo.

► Ahora repite la frase: "En todo el mundo, no hay nadie como yo". "Yo soy (nombre), y yo soy único/a e irrepetible". "Qué bonito es ser yo". "Es bueno para el mundo que yo exista". Gracias. Gracias. Gracias.

PASO 2: Despertar—Poder mirar a mi inteligencia única e irrepetible con amor y felicidad

Para fortalecer nuestro encuentro frente al espejo, es recomendable practicar esto al menos una vez al día, preferiblemente al despertar, por una semana. Los rituales para la conexión con tu Yo, único e irrepetible, son dos y los puedes intercambiar día por día.

Agradecimiento frente al espejo

- ▶ Cada mañana al levantarte, párate frente al espejo tal y como estés.
- ▶ Pronuncia tu nombre.
- ▶ Mírate, sonríe y repite: "Te doy las gracias. Eres admirable y has sabido superar la adversidad. Yo soy único e irrepetible. Me amo".
- ▶ Quédate en silencio contemplando tu imagen durante dos minutos.

    Alternativa: En lugar de los dos minutos de silencio, baja una canción para bailar con la que puedas moverte como a ti te gusta frente al espejo.
- ▶ Simplemente contempla tu imagen y utiliza la frase "te amo" en caso de que se te presente algún pensamiento.
- ▶ Dedica unos segundos a realizar tres respiraciones profundas hasta el estómago.
- ▶ Piensa en lo bueno que es este precioso privilegio de

estar vivo, de respirar, de pensar, de crear, de trabajar, de amar. Decide que ese día cuente.

Autocompasión frente al espejo

Este ejercicio no debe tomarte más de diez minutos. Si no puedes hacerlo durante la mañana, puedes hacerlo al llegar a casa.

- ▶ Colócate frente al espejo y elige un aspecto de ti que no te guste.
- ▶ ¿Qué pensamientos, imágenes o historias surgen cuando piensas en esa parte de ti?
- ▶ Ahora coloca la mano derecha sobre tu corazón y la izquierda sobre tu estómago.
- ▶ Cierra tus ojos por un momento y percibe cómo te sientes.
- ▶ Ahora, invierte las manos. Piensa en cuál de las dos posiciones te sientes mejor y regresa a esa posición.
- ▶ ¿Con cuánta claridad puedes decir que se siente mejor con la mano izquierda o la derecha arriba? ¿Has sentido compasión por ti? La compasión por otros comienza por la compasión hacia uno mismo. Mira tu reflejo y dile, "Yo soy único e irrepetible. Me amo".
- ▶ Ahora, imagina que el reflejo tuyo es el de un mejor amigo o de alguien que sabes que te quiere y admira ¿Qué te diría esa persona de esa parte de ti que no te gusta? ¿Cómo te muestra aceptación y amor con lo que te dice?

► Respira tres veces hasta lo profundo del estómago. Mírate con el amor de ese amigo y siente el apoyo, la compasión y la aceptación. Haz una pequeña reverencia tal y como la hacen los japoneses cuando se saludan. Recuerda que el primer paso para ser feliz es la aceptación incondicional de quién eres.

La autocompasión es ese cariño tierno que las personas debemos aprender a sentir hacia nosotros mismos. Especialmente cuando nos equivocamos. Esta es la finalidad de este ejercicio. Muchas veces nos decimos palabras groseras por equivocarnos por algo. Nos recriminamos y somos duros. Con este ejercicio nos permitimos entrar en contacto dulce con nosotros mismos ante nuestras faltas.

PASO 3: Reprogramación—Creer consciente y profundamente que soy único e irrepetible

Este podría considerarse uno de los pasos más importantes del Método único e irrepetible, porque es el que está relacionado a nuestras creencias, pero sobre todo a su transformación cuando queremos o necesitamos hacer cambios relevantes en nuestra vida.

Las personas estamos creando historias constantemente. Somos increíblemente buenas al crearlas y muchas veces dejamos que ellas rijan nuestras vidas. Lamentablemente, muchas veces son relatos imaginados desde un punto de vista negativo, dirigidos por nuestras inseguridades y temores: "No soy lo suficientemente bueno", "No tengo suerte en el amor", "Nunca tengo dinero".

Lo curioso de todo es que, aunque solemos darles espacio a esos pensamientos en nuestra cabeza, a la misma vez nos jactamos diciendo que somos personas llenas de fe, pensando que todo cambiará. Pero también aceptamos todo eso como lo que nos merecemos o lo que nos ha enviado el universo. Otras veces, lo justificamos diciendo que es el resultado de cómo hemos sido criados.

Si bien es cierto que nuestra educación es crucial para nuestra formación como seres humanos, es también cierto que podemos transformar nuestras vidas con un cambio de actitud. Esto implica un cambio en nuestra manera de pensar, incluso la manera en que vemos esas creencias que adquirimos de pequeños. Esto nos lleva a tomar decisiones que pueden cambiar para bien el rumbo de nuestras vidas.

Y es que, en efecto, nuestros padres, abuelos, tíos y toda esa familia inmediata son nuestros espejos cuando somos bebés y niños. Es en cada uno de ellos, sobre todo en nuestros progenitores, que aprendemos a comunicarnos con las personas, a mirar la vida y a enfrentarla.

Por eso, si hemos visto violencia, podemos ser más propensos a ser agresivos con quien nos ha ofendido. Le gritamos a una pareja cuando no nos podemos poner de acuerdo. Vamos de empleo en empleo incapaces de reconocer nuestras propias limitaciones porque pensamos que son los otros los que nos hacen daño. Creemos que la vida es muy difícil. Lo creemos, nos agobiamos y sufrimos. Pero todo eso no es lo que somos en el fondo, sino que son nuestras creencias, las que fueron grabadas al ver a personas que vivían con mentes distorsionadas, dormidas y que no aprendieron cuál era el verdadero significado del amor. El poder para amar se volvió en el poder para maltratar.

En este paso, es sumamente importarte detenerse y recordar esas creencias que han venido marcando de manera negativa tu vida para transformarlas y sanar. La finalidad de esto es asumir toda la responsabilidad de los actos y de las consecuencias. Es entender que nuestro bienestar está en nuestras manos.

La propuesta es asumir que mi vida y mi felicidad son cien por ciento mi responsabilidad. Y si siento o veo que otros me hacen mal, eso no es más que la proyección que veo desde las creencias limitantes que yo mismo me he fabricado. Comenzar con eliminar la frase "no puedo" de nuestro vocabulario es un buen inicio en este paso: no puedo cambiar, no puedo perdonar, no puedo bajar de peso, no puedo permanecer en un trabajo, no puedo encontrar el amor, no puedo tener dinero. Es una energía con tanta potencia que lo que trae consigo es la infelicidad.

¿Hasta cuándo quieres vivir desde esa creencia? ¿De qué forma estás ejerciendo tu fe? Pues el propósito de la fe es creer en lo que no se ve. ¿Cómo esas creencias limitantes te impiden materializar el poder de tu fe? ¿Qué es lo que viste o viviste de niño que te impide ser feliz y pleno?

Al escribir estas líneas pienso en una mujer que una vez ayudé. Por muchos años vivió en una relación de maltrato. Tenía un hijo de cuatro años y comenzaba a ver conductas en su hijo que ella misma describía como "raras". En un momento de nuestra conversación, me dijo que su niño había sido testigo de un episodio muy violento.

No se cansaba de decirme que para ella su hijo era lo más importante. Sin embargo, no se atrevía a tomar acción. Ese amor que decía sentir por su hijo era dominado por el miedo que sentía por su esposo, algo muy típico en una relación de este tipo. Le recomendé que se dejara llevar por el amor tan inmenso que sentía por su hijo y que tomará la decisión más valiente de su vida y lo sacara de ese ambiente. Esa conducta "rara" que presentaba su hijo era precisamente el resultado de lo que estaba viendo. El pequeño se estaba mirando en dos espejos, en el de su padre y en el de su madre. Un espejo que le muestra cómo ser violento y otro que le enseña cómo aceptar la violencia.

Mis palabras fueron rotundas, francas y fuertes para ella, pero es que a veces es necesario dejar las cosas tan claras para que la otra persona reaccione. Mi recomendación venía desde el amor y no desde el miedo. Dos días después de esa situación, recibí un texto: "Sheila, el miércoles me fui de mi casa. También llamé a la policía para denunciar el patrón de maltrato". La llame de inmediato y me contó: "Sheila, el niño me dijo: 'Mamá, ¿estamos en este lugar por lo que mi papá te hizo?'".

Por suerte, ese niño tendrá una nueva oportunidad de vida en la que esas creencias de aceptar un acto violento como algo normal no son las correctas. Por eso es clave recordar qué es y quién es cada uno para sanar y transformar la autoestima.

PASO 4: Transformación—Aprender a vivir desde mi espejo interior

No es fácil cambiar de adulto. El cambio implica dejar, soltar, renunciar a hábitos, vicios, actitudes y conductas de la personalidad que no nos sirven para poder ser un ser humano completo. Sin ello, no hay transformación.

En este último paso, vas a poner en práctica todo lo que has leído. Un atleta profesional debe entrenar ocho horas diarias si quiere ganar una medalla de oro en los juegos olímpicos. Igualmente, si quieres caminar como una modelo, tienes que practicar. No te voy a pedir que lo hagas durante ocho horas, sino por tan solo catorce minutos al día durante sesenta días. Para lograrlo:

1. Escribe las palabras "compromiso", "consistencia" y "esfuerzo" en una tarjeta de estudio tamaño 6" × 6" y lamínalas. Colócalas en la cabecera de tu cama para leerlas cada noche antes de dormir. Al leerlas y grabarlas en tu mente todas las noches, sentirás cómo vas comprometiéndote con tu propia transformación.

2. Pregúntate, ¿de qué forma puedo practicar diariamente para lograr una postura real y una forma de caminar magnética y noble, segura y elegante?

3. Compra un espejo donde puedas apreciar toda la majestuosidad de tu cuerpo. Este estará colocado frente a ti de forma que cuando camines de regreso hacia él puedas apreciar todos tus movimientos.

Escoge un lugar de tu casa donde puedas simular una pasarela lo suficientemente amplio como para permitir que puedas dar seis pasos al frente y luego regresar. Escoge tu música preferida y empieza a practicar tu forma de caminar. Mírate, sé consciente de ser tú y supera toda duda e inseguridad o sabotaje que pueda surgir de la mente.

4. Cada día, coloca una silla frente al espejo y medita dos minutos antes de tu práctica. Cierra los ojos y respira tres veces profundamente. Abre los ojos y míralos atentamente. Coloca tu atención en el ojo izquierdo (que para mí representa el acceso al alma) y pregúntate: ¿Qué tanto soy parte del YO SOY que me hizo único e irrepetible? Quédate en silencio y mírate por dos minutos. Al terminar la reflexión y la meditación ponte tus zapatos de tacón o tu saco, toca la música que te apetezca y practica caminar doce minutos ida y vuelta. Seis pasos y media vuelta. Simplemente eso. En esa ida y vuelta vas a quedar varias veces frente al espejo y tú mismo irás haciendo los ajustes necesarios a tu forma de caminar, y por ende de ser y existir en el mundo.

Para encontrar mi video practicando este paso, visita Sheila Morataya.com.

EPÍLOGO

*Nací para ayudar a otros a descubrirse y sanar frente a
un espejo. Es así de simple y así de profundo. No me valgo
ni de mi ciencia, ni de mi inteligencia ni de mi talento. Solo
me conecto con ese Yo, único e irrepetible que habita en mí
y que no conoce la palabra "miedo".*

Es sábado. Son las tres de la madrugada. Me desperté como
estoy acostumbrada a que me pase, pues es la forma que
tiene Dios, la consciencia, el amor de impulsarme a escribir. Me doy cuenta de que no tengo necesidad de sentarme
frente a un ordenador con la página en blanco y pensar, solo
debo creer en mi propósito y esperar a que me sea revelado
eso que debo escribir.

No sabía cómo terminar este libro, este bebé literario
producto de mi inteligencia, de mi corazón, de mi autenticidad como persona. Nadie nunca ha escrito un libro así y
nadie nunca lo podrá hacer. Nuevamente, al escribir soy una
pianista cuyos dedos se deslizan con rapidez y sin pensar en

estas líneas. Una pianista que confía en su energía interior; una energía que adquiere forma en palabras, ondas y ritmos. Somos energía, movimiento, ritmo, vida, amor, luz y legado. Trabajo. ¿Para qué ser persona si no es para dejar un legado a la humanidad?

No soy periodista. Tampoco me formé profesionalmente como escritora. Ni siquiera obtuve buenas calificaciones en la escuela. Hasta hoy me cuesta mucho comprender cómo funcionan los números. No sé qué es ocupar un cargo importante en una empresa ni tampoco escribir canciones, tocar el piano, cantar o bailar al mismo tiempo. No tengo ninguna de esas habilidades. Para el mundo y sus calificaciones, no tengo talento. Tampoco figuré jamás en la portada de las revistas de mi país o desfilé en las pasarelas como modelo a pesar de ser una maestra y entrenadora, y no lo hice simplemente porque mi belleza no era suficiente, según los demás. De forma tal que siempre estuve y he estado en la categoría de lo que llamamos gente común.

El problema es que me lo creí por muchos años y acepté ser "nadie". Pero me moría, y esto se veía en mi cuerpo, que cada año se ponía más ancho y más inflamado. Pero no lo soy. Yo no soy la masa, y tampoco lo eres tú. Todos somos bellos, talentosos, inteligentes, extraordinarios y amados. Necesitados. Somos únicos, irrepetibles e irremplazables. Gente con mucho talento.

Comprender esto es ejercer el derecho de nacer, y derrumbar de un golpe al miedo. Donde hay plenitud de amor no hay miedo. Es más, no se puede pensar en el miedo. No existe. Así llegué yo a *Despierta América*, sin miedo y llena de amor propio, y desde esa plenitud de amor hice mi trabajo con Francisca Lachapel y Alan Tacher.

Ya les conté mi experiencia con Francisca, pero también les quería contar un poco cómo fue con Alan. Creyendo y confiando en mí y sin dudar un segundo en lo que tenía que hacer, le pregunté: "¿Quién ha sido tu padre para ti?". Al instante su rostro cambió, se conmovió y lloró. Después, supe que su padre estaba a punto de morir. Desde hace algunos años, desde que me amo profundamente y creo en mí y en el propósito para el que he sido creada, la gente se transforma en su primera entrevista conmigo.

No fueron ni mi talento, ni mi inteligencia ni mi ambición los que me llevaron a estar ahí y ejercer el derecho a soñar que todos tenemos. Soñar en grande, porque todos somos grandes y hemos sido creados para la grandeza. Fue el amor profundo que ya sentía por mí misma lo que me llevó ahí, a pesar de todos los pronósticos del mundo.

Nací para ayudar a otros a descubrirse y sanar frente a un espejo. Es así de simple y así de profundo. No me valgo ni de mi ciencia, ni de mi inteligencia ni de mi talento. Solo me conecto con ese Yo, único e irrepetible, que habita en mí y que no conoce la palabra "miedo". Si me dejan, podría hacer esto todos los días frente a las cámaras. Es así como se va humanizando la sociedad. Como se va sanando. Si hay que hacerlo solo, se hace.

Pienso en todo lo que he hecho para llegar aquí y dónde está mi vida al terminar de escribir este libro. Sin haberlo planeado, pero con la determinación a no morir con arrepentimientos por lo que pude haber hecho o no, estoy en la televisión semana a semana por medio de unos segmentos que hago en Nuestra Tele, RCN; tengo una academia de liderazgo y *coaching* transformacional; doy conferencias; he creado mis propios productos; y mi vida ha comenzado de nuevo.

Lo que mi corazón fue movido a hacer de niña, es lo que ahora hago. ¿Qué es eso? Consolar a las personas que sufren, acompañarlas y escucharlas con una profundidad como quizá hasta ese entonces nadie los había escuchado. Pienso ahora mismo en una metáfora que nos enseñaron en mi segunda escuela de *coaching*. El *coach* es como un barquero que está listo para acompañar a quienes quieran cruzar el río. El barquero generosamente comparte también sus propias herramientas —barca, remos y conocimientos de navegación— para navegar junto a otro ser humano hasta la otra orilla. Esta "otra orilla", a la que él ya ha llegado anteriormente o está en camino a llegar, es a la que cada uno arriba cuando escoge el trayecto del crecimiento, de la maduración y la consciencia, decididos a mirar, asumir y atravesar lo que nos duele. Lo asumimos, y aprendemos poco a poco a aceptar nuestro camino y a amarlo.

Con mi Método único e irrepetible, los impulso a levantarse existencialmente, a cruzar el puente del miedo que lleva al amor. Que no te des por vencido. Que si no terminaste la escuela, la termines a la edad que sea. Que si te rompieron el corazón, te arriesgues y ames otra vez. Que te liberes de complejos. Que te recojas a ti mismo y te acompañes, porque lo que importa es qué tan rápido respondes a eso que tu alma te pide. Solo así podemos crear una sociedad iluminada, sana, feliz y llena de gratitud, llenándonos de amor propio, lo que implica amarte por ser tal y como eres: con un cuerpo, un color de piel, unas formas de rostro y todo el conjunto físico que vez cada día frente al espejo. A partir de esto, uno puede ir evolucionado y después dejar un auténtico legado a las nuevas generaciones. Eso es conectarse con el valor nominal. Vales porque sí, porque existes, porque eres persona, porque tienes la dignidad personal de ser único e irrepetible. Digan lo que digan, eres verdaderamente irreemplazable en lo que vienes a hacer a este mundo.

Esta es una tierra nueva donde habita un ser humano más evolucionado, más consciente de su ser y de su fuerza. Pero también es una tierra en la que muchos padecen porque no han logrado despertar a esta realidad. Es mi pan de cada día, no solo en mi oficina, sino en mis redes sociales en las cuáles recibo mensajes que empiezan con: "Ayúdame, Sheila…".

Yo soy el arquitecto de mi destino, el guerrero, la paloma, el cielo y la tierra. Estoy hecho para amar y en la esencia del amor no existen el rencor, el odio, la separación, la rivalidad, las etiquetas, las posiciones ni la competencia. Existe la experiencia intensa del sí al afirmar al otro en su humanidad, al no alinearlo por su belleza, su condición social, su raza, preferencia sexual o título en una empresa. Ya seas cristiano, judío, yogui, musulmán, budista, sufí o hindú, comprenderás mis palabras porque es el amor lo que nos une a todos. Aquel que ama profundamente a su Yo, único e irrepetible, no tiene miedo.

Por medio de mi Método único e irrepetible, quiero unir la creatividad con el movimiento consciente del cuerpo para despertar, sanar y transformar tu autoestima y ayudarte a crecer en el amor propio. Potenciar la autoestima es hacer florecer la sociedad. Se trata de un potenciamiento bueno, consciente de tener las cualidades de Dios en el ser y manifestarlas en esta experiencia espiritual que tiene cada uno como ser humano.

Querido lector, cree en ti. Eres único e irrepetible. Nada puede detenerte más que tu propio miedo. Encuentra el amor que eres y elimina para siempre el miedo; si lo lograrás en un instante o te tomará toda la vida, el que decide eres tú. Cuando tu vida sea completamente movida por el amor hacia ti mismo, moverás montañas, atravesarás valles oscuros, no te inmovilizarán los pantanos, te sentirás libre en todos lados, no competirás con nadie y no te sentirás herido o atacado por nadie. No tendrás necesidad de defenderte ni de ser agresivo porque sabes que eres la consciencia del amor en acción. Solamente eso. Así de grande es la fuerza del amor por uno mismo. Amor propio es lo que el mundo necesita desesperadamente. No tengamos miedo de expresar frente al espejo: "Yo soy la persona a quien más amo". Hacer esto no te convierte en egoísta, ni te infla como un sapo. Hacer esto es reconocer que, como ser humano, sólo tú lo puedes hacer y que al hacerlo estás agradeciendo a Dios, porque grandes son sus maravillas y una de ellas eres tú.

Cada viernes, cuando enseño el método en Austin, me presento de la siguiente manera y así quiero concluir este libro: "Yo no soy una mujer. Yo no soy un hombre. Yo no soy una persona. Yo no soy una psicoterapeuta, ni una escritora, ni una *life coach*. No soy una mujer emprendedora. Yo soy una maestra del amor. Solo eso. Yo soy única e irrepetible".

MANIFIESTO: SOY ÚNICO E IRREPETIBLE

Yo soy el único ser de la creación
que puede pronunciar "yo soy".
Yo soy un espíritu único e irrepetible en la tierra.
A mí me pertenecen las cualidades del SER de seres:
el amor, la voluntad y la inteligencia.
El bien, la bondad y la belleza.
Yo puedo amar, elegir, crear, transformar y expresar
aquella existencia que mi corazón desee.
A mí me pertenece la tierra.
A mí me pertenece el cielo.
Mía es la vida y mía la responsabilidad
como espíritu libre en un cuerpo y personalidad
irrepetibles.
Yo vivo, me muevo y brillo más intensamente
que las estrellas.
Soy el gran amor de Dios y un hijo de este
gran Creador. Yo soy el sueño del universo.
Qué suerte he tenido de nacer y
de llamarme (nombre),
un Yo nacido para ser único e irrepetible.

EJERCICIOS

CUADERNO DE EJERCICIOS PARA PRACTICAR
EL MÉTODO ÚNICO E IRREPETIBLE (MUI)

Los ejercicios para practicar el Método único e irrepetible (MUI) se encuentran en esta segunda parte del libro. Te invito a releer cada capítulo y, al terminar cada uno, regresar a este cuaderno y desarrollar los ejercicios correspondientes al mismo. Puedes dedicar una semana a cada capítulo y sus ejercicios. Te invito a practicar unos treinta minutos al día. Sin embargo, ve a tu propio ritmo. Si sientes que necesitas ir más despacio o pasar más tiempo en un tema en particular, hazlo. Haz el método tuyo.

Si estás interesado en tomar el curso en línea, en persona conmigo o quieres organizar un grupo para tu escuela, tu empresa u organización, puedes encontrar la información en SheilaMorataya.com.

CONSEJO PARA PRACTICAR EL MÉTODO

A medida que avanzas en este libro de ejercicios es importante tener en cuenta algunos puntos para aprovechar al máximo.

El MUI es una aventura que te llevará a un territorio desconocido y surgirán experiencias inesperadas. Míralas con curiosidad; alégrate, abrázalas y acéptalas. Estos ejercicios son un experimento de autodescubrimiento y autotransformación. Lleva un cuaderno de registros de las experiencias y los recuerdos memorables que surgirán contigo mismo.

El trabajo de ser persona en el mundo es un campo de entrenamiento para la autocompasión. Hay todo tipo de mensajes que te dicen que no seas único e irrepetible, por lo que te invito a que reflexiones conscientemente la invitación que te hace este libro y pongas tu mejor empeño en desarrollar y practicar los ejercicios. Y recuerda, tú eres único e irrepetible. ¡Aplausos redondos!

EJERCICIO 1

Es hora de cambiar

Este ejercicio tiene como propósito mejorar la relación que tienes contigo mismo aceptándote de una manera profunda. Recuerda que los cambios comienzan en uno mismo.

> ► Todos los días, frente al espejo y durante dos minutos repite:

"*Yo soy el comienzo de un mundo mejor*".

Luego del ejercicio frente al espejo, por favor responde las siguientes preguntas:

> ► ¿Qué parte de tu cuerpo responde a esta afirmación?

_____

_____

> ► ¿Qué sensaciones afloran al pronunciar la frase?

_____

_____

> ► ¿Sientes que esta frase provoca algún sentimiento en tu corazón?

_____

_____

▶ ¿Qué sientes al internalizar y entender el poder de esta afirmación?

_____

_____

▶ ¿Qué conductas están cambiando en ti o cómo es tu proceso de pensamientos al pronunciar esta frase frente al espejo?

_____

_____

EJERCICIO 2

La postura para el encuentro

Te invito a que hagas el siguiente ejercicio para aprender a escuchar de manera consciente a tu mente.

- ▶ Siéntate en una silla o en un cojín para meditar. Tu espalda debe estar completamente recta y tus pies, si estás en la silla, apoyados sobre el piso. En caso de que hayas optado por sentarte en un cojín, puedes cruzar tus piernas. Ante todo, debes estar cómodo.

- ▶ Programa tu reloj para que este ejercicio dure veinte minutos.

- ▶ Cierra tus ojos y repite: "Yo soy consciencia. Yo soy amor".

- ▶ Repite estas dos frases durante los veinte minutos marcados. Es normal si te distraes, pero lo importante es que puedas mantenerte este tiempo repitiendo estas frases.

- ▶ Observa tus pensamientos. Reconócelos. ¿Qué piensas? No te enojes, no te juzgues, es normal que la mente siga hablándote.

- ▶ Trata de escuchar el silencio de la meditación.

- ▶ Mentalmente recorre todo tu cuerpo, como si estuvieras escaneándolo, y percibe cuáles son las sensaciones que emergen de él.

- Al pasar los veinte minutos, levántate con calma y puedes volver a la cama o comenzar tu día.

- Lleva un registro de esta experiencia cada día. Nota los cambios que vayas sintiendo y anótalos. Llegará un momento en el que podrás concentrarte durante los veinte minutos del ejercicio, diciendo, "Yo soy consciencia. Yo soy amor".

EJERCICIO 3

Bauticemos a "el saboteador"

▶ Toma una hoja de papel en blanco y un lápiz.

▶ Haz una lista de lo que sientes o atraviesas en este momento. Por ejemplo: Falta de autoestima, miedo al qué dirán, dejar las cosas para después, no confío en mí mismo o siento que no se puede. Recuerda que tu saboteador y saboteadores quieren que te sientas mal.

▶ Luego de hacer esto, bautiza a "el saboteador" con un nombre. El nombre tiene que estar relacionado con el sentimiento, la emoción o la experiencia que estés sintiendo en este momento.

▶ Cierra tus ojos. Imagina que "el saboteador" tiene una forma, que puede ser grotesca.

▶ Descríbelo. Desde su tamaño, su color, cómo son sus dientes, cómo es su cabeza, cómo es su cuerpo, lo que hace.

▶ ¿En qué lugar está? ¿Cómo te está mirando? ¿Qué sientes bajo su mirada? (Los nombres pueden ser tan curiosos como: garrapata, lombriz, vampiro, miedo, chocolate o ladrón, por mencionar algunos).

Este ejercicio —Bauticemos a "el saboteador"— nos puede llevar a diversas reacciones y a veces a resultados muy reveladores. En mi experiencia, algunas personas no pueden hacerlo, y así me lo dejan saber. La mayoría de las veces que no lo consiguen es porque sienten miedo. Y sí, es miedo a enfrentarlo; tienen miedo al cambio. Lamentablemente, es por medio de una reprogramación —cambio— que llegaremos a encontrar ese Yo, único e irrepetible, que estamos buscando. De lo contrario, no ocurrirá.

Te invito a que reflexiones sobre esto que has leído y anotes tus propias impresiones al respecto. Si no ha sido posible nombrar a "el saboteador" en este instante, no te preocupes, que también es parte del proceso. Con el tiempo lo conseguirás. Lo importante es que con esta información hayas comprendido algo que quizá no sabías de ti y de la conducta humana. Ahora has adquirido conocimiento y puedes empezar a observar desde la distancia —como la consciencia que eres— y vas a conocer al saboteador de verdad. Sólo ten presente que el saboteador no son tus miedos. Él se burla de ti utilizándolos a ellos y haciéndote creer cosas que no son verdad. Por ello, es tan importante dentro del *coaching* convertirse en una especie de mago para ayudar a las personas a reconocer cómo esta figura daña, mutila y muchas veces acaba con sus relaciones y hasta con sus sueños.

Vive el presente, el ahora, este preciso momento. Poco a poco te irás acercando a ese Yo que habita en ti y con el que todos queremos encontrarnos. Este solo es el principio para descubrir la verdad de poder decir: "Yo soy único e irrepetible". Tu corazón te llevará hasta él. Escúchalo.

EJERCICIO 4

¿Qué hacer frente al espejo?

Quiero compartir contigo el primer paso para acercarte al espejo. Poco a poco, te iré danto otros consejos que forman parte del modelaje terapéutico.

► Primero, escoge una hora del día en que puedas hacer el ejercicio frente al espejo. Preferiblemente durante la mañana, antes o después de ducharte.

► Con un espejo pequeño, comienza por mirar la forma de tu rostro, sólo la forma de tu rostro. ¿Conoces tu rostro como la palma de tu mano? De eso se trata este ejercicio. Si hasta hoy te has enfocado en los aspectos que no te gustan de ti, a partir de este momento vas a mirarte con nuevos ojos y vas a identificar aquello que sí te agrada.

► Ahora, siéntate en una silla con tu espalda muy recta y los hombros alineados. En silencio, mírate en el espejo durante dos minutos. Observa tu frente, tus cejas, la forma de tus ojos, la forma de tu nariz, tus pómulos, tus labios y la forma de tu rostro. Presta atención a tu cabello y al color y la calidad de tu piel. Cuando hayas terminado estos dos minutos responderás a estas preguntas:

► *¿Cuál fue mi primera impresión al observarme esta mañana?*

_____

_____

► *¿Qué sentí al mirarme?*

_____

_____

► *¿Qué descubrí de mí, que hasta hoy no había descubierto?*

_____

_____

► Al terminar de escribir, vuelve al espejo para completar la meditación y repite:

"*Yo soy único e irrepetible y mi belleza es necesaria para el mundo*".

► Luego de hacer esta afirmación, comienza tu día. Te recomiendo que repitas este proceso por seis días consecutivos. Cada día cambia la frase para tu meditación en el espejo.

   ► *Día 1:* Yo soy único e irrepetible. Aunque me cuesta aceptar mi belleza, me amo y me acepto tal y como soy.

▸ *Día 2:* Yo soy único e irrepetible. No tengo que competir con nadie en cuanto a belleza, inteligencia o talento.

▸ *Día 3:* Amo el reflejo de mí en este espejo. (Si te da trabajo creer estas palabras, vas a cambiar la forma en que lo expresas un poco para que tu inconsciente empiece a creer que es verdad). Repite: Aunque me cuesta amar el reflejo de mí frente al espejo, me amo y yo soy único e irrepetible.

▸ *Día 4:* Amo la historia de mi rostro. Amo cada arruga, cada vestigio de dolor que veo en él. Yo soy único e irrepetible.

▸ *Día 5:* En todo el mundo no hay un rostro como el mío. Yo soy único e irrepetible.

▸ *Día 6:* Cada día soy más consciente de que la forma en la que yo me amo produce emociones que impactan a todo mi mundo. Yo soy único e irrepetible.

EJERCICIO 5

Promesa a mi cuerpo

Tesoro mío, perdóname. Eres mi cuerpo y eres hermoso tal como eres. Hoy, conscientemente y despierto, te quiero prometer que te cuidaré, te conoceré, te respetaré y te amaré. Siento que he despertado a ti y que por primera vez me doy cuenta de la gran dignidad y nobleza que tienes.

Perdóname. No te abusaré más. No te maltrataré desplomándome, ahogando tus preciosos órganos que permiten el funcionamiento óptimo de mi vida. No volveré a vomitar la comida. No volveré a llenarme de comida para olvidar mis vacíos, mis frustraciones, mis fracasos y mi soledad. No arremeteré contra ti por el hecho de sentirme mal conmigo frente al espejo y con mi ropa. No te castigaré más sólo porque no he podido superar una niñez dolorosa. Perdóname y despiértame por medio del dolor en mi espalda, en las articulaciones, en mi sobrepeso, en mi anorexia. Sólo me tienes a mí para cuidarte y la salud y el orden tuyo descansan en mis manos. Me doy cuenta de que este cuerpo es el palacio donde habita la consciencia amorosa, noble, buena, inteligente y creativa. Yo te habito.

Te amo. Te amo profunda y tiernamente. Estoy encontrándome con que, así como soy, soy fundamentalmente bueno para el mundo. Gracias por permitirme habitar en ti, ocupar tu palacio. Eres el más hermoso de ellos. Eres un verdadero monumento de amor.

Esta es mi promesa, a partir de hoy yo, _____ (nombre), te cuidaré, te amaré y te respetaré todos los días de mi vida hasta que la muerte nos separe. Yo soy único e irrepetible. Me amo.

FIRMA _____

FECHA _____

EJERCICIO 6

Eres un maestro de la vida

Piensa en ti como un maestro de la vida. Primero, ¿qué debe ser lo más importante para ti? Entender que tus valores están basados en ti y en tus creencias, y no en los ideales de otras personas. Quiero presentarte un cuestionario que comparto con las personas que visitan mi consulta para ayudarlos a crear una misión o un propósito de vida. La sinceridad es fundamental para responder a estas preguntas.

PASO 1: Responde estas preguntas

- ► ¿Qué personas, actividades o cosas son realmente importantes para mí? ¿Por qué?

- ► ¿Qué cosas disfruto hacer cuando no estoy presionado para hacer otras cosas? ¿Por qué?

- ► Cuando mi vida llegue a su fin, ¿qué cosas hice que me darán alegría? ¿Por qué? Si muero repentinamente, ¿de qué me arrepentiría? ¿Por qué?

- ► ¿Qué talentos tengo? ¿Cómo los uso? ¿Qué hago con maestría?

- ► ¿Qué cosas me gusta compartir con otros? ¿Por qué?

- ► ¿Qué me siento impulsado a hacer en esta vida? ¿Por qué?

- ▶ ¿Qué es lo que estoy haciendo cuando siento una gran paz o una gran satisfacción interior? ¿Por qué creo que esto es así?

- ▶ ¿A qué quiero dedicar mi vida? ¿Por qué?

- ▶ ¿Cuál de todas estas preguntas refleja lo que profundamente quiero, no lo que pienso que debo de hacer o lo que los otros quieren que haga? ¿Por qué?

- ▶ ¿Con qué valores me puedo identificar después de responder a estas preguntas? Escríbelos.

PASO 2: Eliminación

- ▶ Ahora que has identificado tus valores, elige los diez más importantes para ti. Ahora imagínate que sólo puedes quedarte con cinco. ¿A cuáles renunciarías? Tacha cinco.

- ▶ Ahora imagina que sólo puedes tener cuatro. ¿A cuál renunciarías? Táchalo. Ahora tacha otro para reducir la lista a tres. Y otro, para reducirla a dos. Por último, tacha uno de esos dos valores. ¿Cuál es el elemento de esta lista que más valoras?

PASO 3: Elaboración

▶ Ahora, vuelve a mirar tu lista y enfócate en los tres más importantes. ¿Qué significan exactamente? ¿Qué esperas de ti mismo en tiempos difíciles? ¿Cómo cambiaría tu vida si practicaras estos valores con fervor? ¿Estás dispuesto a escoger una vida y una organización donde esos valores tengan relevancia?

▶ Lee, reflexiona y escribe tu conclusión en torno al siguiente pensamiento de Napoleon Hill: "*Hay una recompensa adecuada para cada virtud y un castigo apropiado para cada pecado cometido. Tanto la recompensa como el castigo son efectos sobre los que ninguna persona tiene control, pues le llegan espontáneamente*".

Al hacer este ejercicio, podrás experimentar asombro, alegría, sorpresa e incluso una sensación de autodescubrimiento, pues has hecho uso de tu capacidad consciente para comprender quién eres en este momento de tu vida y lo que quieres hacer de ahora en adelante.

EJERCICIO 7

Aumentar la consciencia de mi cuerpo

Con este ejercicio, quiero que vuelvas a la niñez. Vas a practicar esto si tuviste una niñez dura y sientes que eso creó un autoconcepto equivocado de ti. También puedes hacer el ejercicio para descubrir cómo te veías de niño. Mi recomendación es hacerlo solo una vez o una vez al mes, hasta que olvides que lo debes hacer. Eso indicará que has superado esas memorias. Pero lo más importante es que entiendas que si no te sientes preparado para dar este paso, de ninguna manera te sometas a ello. Te invito a que lo leas primero y después decidas si quieres proceder. Te podría ayudar mucho llevar un diario para anotar lo que has conseguido con estos ejercicios y lo que todavía no has alcanzado.

- ▶ Siéntate en una silla frente al espejo. Puedes tener ropa o puedes quedarte en ropa interior o un traje de baño, si lo prefieres.

- ▶ Piensa en ti a la edad más joven que tengas en tu memoria de ti. Mírate a esa edad en el espejo. Observa los pensamientos y juicios que vienen a tu memoria. Sé consciente de cómo te sientes. Sé consciente de los juicios positivos, como la gratitud, la admiración o el amor. Recuerda qué te decías a ti mismo a esa edad cuando te mirabas en el espejo. ¿Podías apreciar el regalo de tu cuerpo y de tu vida? ¿Quién te enseño a mirarte en el espejo? ¿Cómo recuerdas a tu padre y a tu madre mirándose en el espejo? Si te encontraron alguna vez mirándote, ¿qué te decían? ¿Cuáles son las experiencias felices? ¿Cuáles son las experiencias tristes? ¿A qué edad recuerdas haberte empezado a mirar en el espejo conscientemente?

► Ahora toma un papel y escribe tus impresiones:

  ► Si al momento de terminar el ejercicio te sientes feliz y completo, mírate de nuevo en el espejo y comunícate este mensaje: "Gracias por estar aquí para mí. Gracias por ser mi compañero en esta aventura. Gracias por ser mi castillo. Yo soy único e irrepetible. Me amo".

  ► Si al momento de terminar el ejercicio te sientes triste, vinieron recuerdos poco agradables y hasta traumáticos, mírate en el espejo y comunícate el siguiente mensaje: "Gracias por ser tan valiente. Todo estará bien. Yo te cuidaré y te amaré. Te protegeré. Nunca más te sentirás solo. Tú eres mi castillo y mi fortaleza, mi mejor compañero. Gracias. Perdóname. Te amo".

EJERCICIO 8

Conéctate con la música

La música es el lenguaje del alma. Nos ayuda a conectar con nuestra esencia, que es movimiento y energía y activa diferentes sustancias químicas en nuestro cerebro, como la oxitocina, la dopamina y la serotonina, transformando nuestro estado de ánimo y nuestro cuerpo. Haz el siguiente ejercicio.

► El primer paso para hacer este ejercicio, sobre todo si estás a solas, es elegir la canción con que quieres trabajar. Debe ser una que te inspire, que contenga un mensaje importante, positivo para ti o que refleje ese momento de tu vida que atraviesas.

► El segundo paso es pararte frente al espejo asumiendo la perfección en la postura. Pies en la tierra, con confianza.

► El tercer paso es poner la música, escuchar la canción y en la medida en que vaya despertando en ti una sensación o inspiración, empezar a moverte libremente. Mueve tu cabeza, utiliza tus manos, menea los hombros, lleva el ritmo hasta los pies. Mírate en el espejo con felicidad, con asombro o con compasión y empatía. Confía en el proceso que estás viviendo. Procesa las lágrimas. Siente el dolor o, al contrario, procesa la felicidad, siente la felicidad y la conexión con tu esencia.

► Ahora, busca una canción que no sea una de tus

favoritas, o una canción que nunca escucharías o a la que no bailarías. Repite los pasos anteriores. Escucha con todo tu cuerpo. ¿Quiere tu cuerpo moverse al ritmo de la música, o se aparta y se cierra? ¿Pierdes el interés? ¿Te sientes desconectado? ¿Te sientes violento o incómodo? Sólo piensa que esta es la música de otras personas y que a ellas sí las conmueve. Cada uno es único e irrepetible.

Cuando trabajo con mis clientes y alumnos esta terapia musical, quiero crear una consciencia del cuerpo y de la vida en diferentes circunstancias. También busco crear consciencia de que nuestro cuerpo está sintonizado, por nuestra historia y cultura, para reaccionar ante distintas experiencias. Por último, busco proporcionar una consciencia del cuerpo que nos ayudará a establecer relaciones con otras personas cuyos cuerpos están sintonizados de manera diferente al nuestro.

La sabiduría de este ejercicio está en que podemos asumir dos posiciones: sentirnos incómodos al no poder bailar con esa música, que al mismo tiempo es música que otros bailan muy bien, o segundo, disfrutar o aprender a tolerar su malestar natural y entrar en sintonía con los otros, de forma que pueda fluir, pues no hay una música "incorrecta" sino distinta. Al hacer esto, rompemos con creencias y prejuicios inconscientes que nos impiden disfrutar con más profundidad y plenitud de la vida.

EJERCICIO 9

Mi coreografía única e irrepetible

En este ejercicio creas tu expresión, tu genio, tu creatividad y te conviertes en tu propio sanador. Es la oportunidad para sentirte en tu cuerpo como la persona única e irrepetible que eres. He tenido el privilegio y la fortuna de ver, hasta hoy, solo a mujeres transformarse frente al espejo, pero es un ejercicio perfecto para los hombres. Recobrar la autoestima, la confianza y la alegría, y encontrarse con la capacidad de decir ¡ya basta!, no tiene género. Tampoco perdonar. Ver tu rostro pasar de triste a luminoso en una hora, es maravilloso. ¿No es esto magia?

La persona entra en ella misma, accede a un nivel de conciencia diferente, medita sobre sí al estar en movimiento. Sana en movimiento. Todo, frente a un espejo. Esto es lo que hace único mi método.

Las personas pueden estar procesando varias cosas por medio de diferentes bailes, liberar la mente, gestionar las emociones, etc., por medio de la música. Sin embargo, aquí las personas tienen que mirarse consciente y plenamente, lo cual no es fácil para un gran número de ellas. Tener la valentía de pararse frente a un espejo para quedar vulnerables frente a sí mismas y frente a otras personas es de alguien que está comprometido con su vida.

Hay que recordar que tú y yo somos energía, movimiento, armonía, ritmo y pasos, y que nuestro vehículo, el cuerpo, el castillo del alma, comunica la alegría de vivir. Utilizar el espejo para mí es abrir una puerta de ese castillo hacia el universo que es cada uno. El centro de este universo es el corazón. Por medio del espejo, conecto con mi interior y doy el salto de valentía para conocerme de una manera más profunda. El espejo me ayuda a superar mis miedos, el miedo de mi propia presencia en el mundo por medio de mi cuerpo. Me enseña a llevar mi cuerpo de una manera correcta y a modificar mi manera de caminar, de posar, de estar, inclusive de sentarme. Todo esto me empodera, aumenta la seguridad en mí misma y eleva mi consciencia.

El espejo es para mí una herramienta hacia el autodescubrimiento, el autoconocimiento, la reconstrucción de la autoestima, la inspiración para hacer cambios a nivel de imagen y de aspecto corporal y el mejor amigo para mostrarme cómo soy y cómo no soy en realidad. Por medio del proceso que se vive en el espejo, voy trabajando las cinco emociones básicas que todos tenemos: miedo, tristeza, alegría, coraje y asco.

Después de enseñarles algunas rutinas básicas y aspectos fundacionales del modelaje, cada persona queda capacitada para crear su propia rutina, para expresar su genio y su Yo, único e irrepetible, sobre su propia pasarela. Es el momento de celebrar el amor hacia uno mismo.

Puedes hacer este ejercicio en soledad e imaginar a tu público admirarte, verte desfilar. O puedes hacerlo tal y como lo hago en mis talleres. Cada uno crea su propia rutina y desfila frente a las otras personas. Siempre se les da una ovación con mi famoso "aplauso redondo" y todos nos ponemos de pie. Tienes que vivirlo para ser testigo del poder transformador de este método.

EJERCICIO 10

Silencio de amor

Esta meditación en particular tuvo un impacto muy fuerte en mí la primera vez que la practiqué. Su nombre original es "meditación de la bondad amorosa" y está basada en las enseñanzas de los maestros de meditación como lo son Sharon Salzberg, Thich nhat Hanh y Roshi Joan Halifax.

El objetivo de la meditación de la noche es profundizar en la compasión hacia ti mismo y que esta se convierta en una práctica y una creencia nuevas para ti. Si aprendes a ser compasivo contigo, tolerante con lo que no te gusta de tu belleza, amable, podrás serlo de manera natural con los demás y por ello servirás mejor en el mundo. En la práctica de la bondad amorosa se distinguen cuatro elementos curativos: intención, atención, emoción y conexión.

Impulsar nuestra intención para aumentar el amor, la comprensión y el respeto hacia ti mismo le da energía y significado a nuestras vidas. La atención enfocada durante el ejercicio calma tu mente y transforma tu cerebro. Las emociones positivas que emergen de esta práctica contribuyen a tu felicidad y la conexión que experimentas en silencio crea una sensación de calma y seguridad. Con esta meditación de la noche, activarás el nervio vago, o nervio de la compasión, en tu sistema nervioso.

Para esta práctica puedes utilizar una silla. Siéntate en posición erguida y natural frente al espejo. Que tu postura sea simple, serena, tranquila. No permitas que tu personalidad se involucre. Sólo concéntrate en la presencia amorosa que eres. Respira profundo hasta el estómago tres veces. Entra a tu alma concentrando tu atención en tu ojo izquierdo. Te recomiendo grabar lo siguiente con tu voz y escucharlo mientras haces el ejercicio.

Repite cada frase tres veces:

- ► Que yo pueda amarme tal como soy. Que comprenda que soy único e irrepetible.
- ► Que yo pueda recordar que mi conciencia es más vasta que este cuerpo. Que yo comprenda que mi cuerpo es el castillo de mi alma.
- ► Que yo ame mi cuerpo completamente tal y como es.
- ► Que yo pueda estar lleno de bondad amorosa y compasión hacia mí mismo y todos los seres.
- ► Yo soy único e irrepetible. Me amo.

Para terminar, respira hondo hasta el estómago tres veces y date las gracias por el final de un día más en el que has tenido la oportunidad de amar, ser amado, trabajar, servir y vivir.

Es importante dejar a un lado cualquier expectativa sobre cómo debes sentirte al hacer cada una de las prácticas diarias. Si descubres que te desanimas por la falta de sentimientos positivos, trata de ser amable contigo mismo por el hecho de que te sientes desanimado. No dejes de hacer el ejercicio por esta razón o porque no sientes nada. Esto es un proceso que requiere práctica, compromiso, fe y paciencia. El objetivo de cada ejercicio es enfocarse en el deseo y la intención, no en crear emociones positivas. No es una práctica para sentirte completamente bien contigo en un instante y reducir o eliminar la relación poco óptima que tienes contigo.

Lo que cada práctica pretende es enseñarte a adoptar una actitud más amable y gentil contigo y la persona que eres. Simplemente mereces gustarte y ser feliz.

Realizar estas prácticas es como estar ahí para un amigo que no se siente bien; es posible que no puedas curarlo, pero puedes darle el amor y la compasión que merece. Vas a dejar lleno de luz su corazón. Y así quedará el tuyo.

CUESTIONARIOS

Como parte de tu encuentro con el Yo, único e irrepetible, te invito a que contestes este cuestionario —dividido en cuatro partes— con detenimiento y mucha sinceridad. Este documento te ayudará a conectarte con tu propia sabiduría interior y abrirá las puertas hacia una mejor versión de ti mismo, reconociendo, entre otras cosas, tu esencia espiritual. Me siento muy privilegiada de que me des la oportunidad de acompañarte en este viaje de la vida, la más apasionante de las experiencias.

Cada persona tiene una forma única de pensar y una forma única de interactuar con los que la rodean. Es muy importante que conozcas tu propia visión del mundo.

Responde a cada una de estas preguntas de la manera más clara y reflexiva posible, expresando lo mejor de quién eres. Estas son preguntas diseñadas por mí para estimular tu pensamiento a reflexionar de una manera profunda y consciente. No te precipites. Te sugiero que te tomes el tiempo necesario para escribir tus respuestas, no importa que sean varios días. Entre más sinceridad pongas en tus contestaciones, más oportunidad tendrás de ser exitoso en el autodescubrimiento.

PRIMER CUESTIONARIO: Autoevaluación

1. ¿Qué logros crees que deben ocurrir durante tu vida para que consideres que tu vida ha sido satisfactoria y bien vivida? ¿Qué debes hacer para que no tengas remordimientos?

2. Si pudieras llevar a cabo una pasión, de la que nadie pudiera enterarse o se haya enterado, ¿cuál sería esa pasión?

3. ¿Cuál consideras que es tu rol en tu comunidad local, en tu país y en el mundo?

4. Si pudieras dedicar tu vida al servicio de otros y pudieras conservar el dinero y el tipo de vida que necesitas, ¿lo harías? ¿Cómo te imaginas que sería su vida a diario?

5. Si tuvieras tanta confianza en mí como tu *coach* para ayudarte a gestionar o vivir tu vida con más productividad y efectividad, ¿qué tipo de consejos me darías para inspirarte?

6. Si tuvieras una meta de cinco años y continuaras conmigo como tu *coach* para ayudarte a que esto pasara (y el dinero no fuera un problema), ¿cuál sería esa meta? ¿Cuál es la diferencia que se vería en tu vida al trabajar esta meta con un *coach* a tu lado?

7. ¿Qué es lo que sientes o crees que hace falta en tu vida? ¿Qué haría que tu vida fuera más plena o quizá llena de alegría?

8. ¿Crees en Dios o en un poder superior? Si la respuesta es afirmativa, describe lo que más te sirve y ayuda para tener una relación con Dios. ¿A qué tipo de rituales, prácticas, lecturas, entre otros, acudes para esto? Y si esto no te ayuda en nada, ¿de qué forma te diriges a Dios cuando lo haces? ¿Con qué frecuencia hablas con Dios?

9. ¿Cuáles son los principios y valores por los cuales te riges en tu vida?

10. ¿Mientes con frecuencia? ¿Por qué? ¿Cuándo?

11. ¿Por qué has tenido que pedir perdón? ¿Qué sientes cuando le debes pedir perdón a alguien?

12. ¿Cómo cuidas de tu cuerpo, de tu peso y de tu alimentación? ¿Qué haces por tu arreglo personal?

SEGUNDO CUESTIONARIO: Expectativas del *coaching*

1. ¿Qué es lo que más te entusiasma al entrar en un proceso de *coaching*?
2. ¿Por qué estás escogiendo trabajar conmigo?
3. ¿Cómo podrías destruir o debilitar tus relaciones?
4. ¿Cómo te darás cuenta de que el *coaching* está siendo efectivo?
5. ¿Qué es lo que necesitas de mí para que el *coaching* tenga un gran impacto en tu vida?
6. ¿Qué es lo que puedo esperar de ti (cliente) si fueras a contratarme como tu *coach*?
7. Cuando te das por vencido o huyes de alguna situación, ¿qué conductas tienes? ¿Cómo afecta esto tus relaciones con los demás?

TERCER CUESTIONARIO: ¿Quién eres?

Por favor, toma tiempo para familiarizarte con estas preguntas, ya que servirán como un punto de arranque para tu autodescubrimiento.

Escribe tanto o tan poco como te guste a medida que consideres estas preguntas. Si escribir tus respuestas es útil para tu propio proceso de pensamiento o aclaración, te animo a ser tan detallado como quieras. Si, por otra parte, el mismo pensamiento de la escritura te hace sentir incómodo y sientes como si te estuvieran obligando a tomar una prueba, no te preocupes. Lee detenidamente las preguntas, reflexiona sobre lo que sientes y escribe aquello que sea lo mejor para ti.

1. ¿Cómo defines el éxito? ¿Qué es tener éxito para ti?
2. ¿Cuál es tu frase favorita? ¿Qué te inspira de ella? ¿Qué te hace sentir?
3. ¿Cuál es tu canción favorita? ¿Por qué? ¿Qué te hace sentir?
4. ¿Cuál es tu película favorita? ¿Qué personaje interpretarías como actor de esa película y por qué?
5. ¿Sabes cuál es tu misión en esta vida?
6. ¿En qué tipo de cosas te parece que el tiempo no existe?
7. ¿Qué te inspira? ¿Por qué?
8. ¿Cuál crees que ha sido tu logro y éxito más emocionante?
9. ¿Qué logros, en tu opinión, deben ocurrir durante

tu vida, de modo que consideres que tu vida ha sido satisfactoria y bien vivida?

10. Nombra tres cosas por las que en este momento de tu vida te sientes insatisfecho o por las que te quejas.

11. Los hábitos diarios son pequeñas acciones constructivas realizadas de forma rutinaria. Estos hábitos cotidianos forman una base sobre la cual pueden producirse cambios importantes. ¿Qué acciones, si se realizan regularmente, harían una gran diferencia para ti en tu vida? Ejemplos: entrenamiento tres veces por semana, leer el diario, orar por treinta minutos al día, etc.

12. ¿Cómo le haces frente a una crisis cuando se presenta en tu vida? ¿De qué forma actuarías o te imaginas que actuarías si alguna vez, viajando como copiloto en el automóvil, a la persona que maneja le da un ataque al corazón y el carro empieza a bailar en medio de la carretera?

13. ¿Cómo cuidas de ti mismo en épocas buenas de tu vida? ¿Cómo lo haces en épocas malas?

14. ¿Qué hace falta en tu vida? Explícalo detenidamente.

15. ¿Cómo tiendes a comprometerte a ti mismo? ¿Qué tan fácil o difícil se te hace decir que sí o que no? ¿Por qué crees que esto es así?

16. ¿Qué piensas sobre el poder de la meditación?

17. ¿Qué piensas sobre el poder de la oración?

18. ¿Qué piensas sobre el poder del pensamiento positivo?

19. Dime tres cosas que debo conocer sobre ti y que te parece que son importantes.

20. Identifica 3 a 5 áreas que quieres utilizar como tu mayor foco para esta relación de *coaching*. Para cada área escribe un título y una descripción de cómo medirías los resultados. Por ejemplo: ser más productivo. Tengo un sistema para dar seguimiento a las llamadas y correos, lo hago a tiempo, logro completar la tarea. Tengo metas realistas para nuevos proyectos.

CUARTO CUESTIONARIO: Identidad

1. ¿Cuáles son los tres rasgos que mejor definen tu personalidad?

2. ¿Qué es lo que más te gusta de tu forma de ser?

3. ¿Qué es lo que menos te gusta de tu forma de ser?

4. Menciona dos de tus modelos de identidad, es decir, aquellas personas que te han ayudado a configurar tu forma de ser y a elegir tus valores y principios.

5. ¿Cuál ha sido el día más feliz de tu vida? ¿Por qué?

6. ¿Cuál ha sido el día o el hecho más desgraciado de tu vida? ¿Por qué?

7. ¿Cuál es tu libro de cabecera? ¿Por qué?

8. ¿A quién te gustaría parecerte? ¿Por qué? Si no eliges a nadie, ¿por qué?

9. Escribe cinco sustantivos relacionados con la palabra "autoestima".

10. Escribe cinco sustantivos relacionados con la palabra "felicidad".

11. ¿Con quién te irías a una isla desierta? ¿Por qué?

12. ¿Qué entiendes por madurez de la personalidad?

13. Termina la frase: "La peor tragedia es…".

14. ¿Quién es el héroe del mundo literario que más aprecias, o algún escritor favorito que tengas y por qué?

15. ¿Qué porcentaje tienes en tu personalidad de corazón y de cabeza? Muchas veces las personas nos de-

jamos llevar más por el corazón, otras por la cabeza. La intención aquí es descubrir si hay un balance. Si no lo hay, hacer los ajustes necesarios.

16. Termina la frase: "Veo mi futuro…".

17. ¿Cuáles son las faltas que más perdonas?

18. ¿Cuántas horas necesitas dormir para estar bien?

19. Termina la frase: "La muerte significa…".

20. ¿Cómo te gustaría morir?

21. Escribe cinco sustantivos relacionados con la palabra "sufrimiento".

BIOGRAFÍA

NOMBRE _____

Por favor, trata de escribir con la mayor cantidad posible de detalles y experiencias tu biografía. Pueden ser los últimos diez años. Trata, como mínimo, de escribir cinco páginas.

Has completado con gran éxito el primer paso hacia una vida más productiva, plena y abundante. ¡Felicidades!

AGRADECIMIENTOS

Este agradecimiento es muy especial para mí. Ya todos podemos coincidir en esta etapa de la lectura sobre la importancia del agradecimiento. Por lo tanto, ya nadie debe pensar que cuando una persona da las gracias o dice te amo, es porque hay algún interés especial detrás. Por el contrario, vivir agradecidos y amando sin condiciones es parte de ser único e irrepetible. Pensar lo contrario es reconocer que no nos hemos ocupado de hacer ninguna limpieza profunda en nuestros corazones. Y ya lo saben, yo, desde pequeña, aspiré a tener un corazón sincero. Por eso, este agradecimiento es tan especial; porque viene desde lo más profundo de mi corazón.

Ser publicada por una editorial de la magnitud de Simon & Schuster es un milagro para mí, y por eso estoy agradecida. Como lo es cada persona detrás de este milagro y a ellos quiero agradecer de manera muy especial.

Gracias a Aleyso Bridger por acompañarme durante estos últimos dos años, y creer desde el momento en que me conociste hace cinco años que mi voz era importante. Gracias por tu cariño y tu determinación para que este libro viera la luz. Eres una diva literaria maravillosa, única e irrepetible.

Gracias a Luz María Doria por haberme dado la oportunidad de llevar mi técnica del espejo a millones de personas. Fue un momento estelar.

Gracias a mi editora Johanna Castillo por haber escuchado con tanto interés mi historia y pronunciar las palabras que cambiaron el rumbo de mi vida: "Lo quiero publicar". Nunca tendré con qué pagarte.

Gracias a ti, querido lector, por haberme acompañado en esta travesía. Tú, como todos nosotros, eres único e irrepetible. Nunca lo dudes.

Por último, quiero dar un aplauso redondo de rodillas a San José, mi Padre y Señor, quién en la Catedral de San Patricio decidió venirse conmigo y acompañarme a la entrevista literaria. Este libro es un milagro de San José. ¡Aplausos redondos en el cielo a San José, un padre único e irrepetible!

SOBRE LA AUTORA

Korey Howell Photography

SHEILA MORATAYA es una *coach* motivadora y una reconocida psicoterapeuta que ha ayudado a muchos matrimonios a superar momentos difíciles. Asimismo, les ha brindado a personas con problemas emocionales y crisis de identidad la ayuda necesaria para la recuperación de la confianza en sí mismos, para así perseguir y alcanzar sus sueños y metas.

A través de su Método único e irrepetible, Sheila ayuda a las personas a encontrar la verdadera esencia de su ser a través de una práctica que transita desde la dimensión mental hacia lo noético o espiritual.

A través de sesiones prácticas y teóricas, Sheila Morataya lleva al ser humano a lograr un cambio radical en su vida, entendiendo la aceptación de su ser como único e irrepetible. Permite proyectar la vida de cada cual, dejando a un lado las inseguridades y los miedos propios del ser que no permiten dar pasos importantes en la vida.

También cuenta con una certificación en el método Gottman, a través del cual ayuda a muchas parejas para encontrar la estabilidad en su relación.

Entre sus títulos, se encuentra una maestría en matrimonio y familia, otorgado por la Universidad de Navarra, además de otros títulos obtenidos en prestigiosos centros como lo son Dream University y The Coaches Training Institute, en San Francisco, y en el Instituto de Análisis Existencial y Logoterapia en México, Distrito Federal.

En 2013, Sheila participó en el programa de Ismael Cala en CNN en Español. Poco después, fue seleccionada por CNN en Español como una latina que inspira en el programa *Realidades en Contexto*. Luego, en 2017, paralizó a la audiencia del programa *Despierta América* de la cadena Univision, cuando aplicó la terapia del espejo a los presentadores Alan Tacher y Francisca Lachapel. Estos eventos le abrieron las puertas como conferencista internacional y le ganaron la simpatía de muchos.

Sheila participa de manera constante en los medios locales y nacionales como lo son NTN-RCN TV, Caracol Radio, La voz de Guadalupe en Los Ángeles, el periódico *El Nuevo Herald*, Cala Enterprises, la revista *Imagen*, Loge, Inspirulina, *Hola! España*, News Café de Unimas, *People en Español*, Univision Austin y San Antonio, entre otros.

CONÉCTATE CON SHEILA EN

sheilamorataya.com

 sheilamoratayaoficial

 @sheilamoratayaoficial

 @sheilamorataya

 sheila@sheilamorataya.com